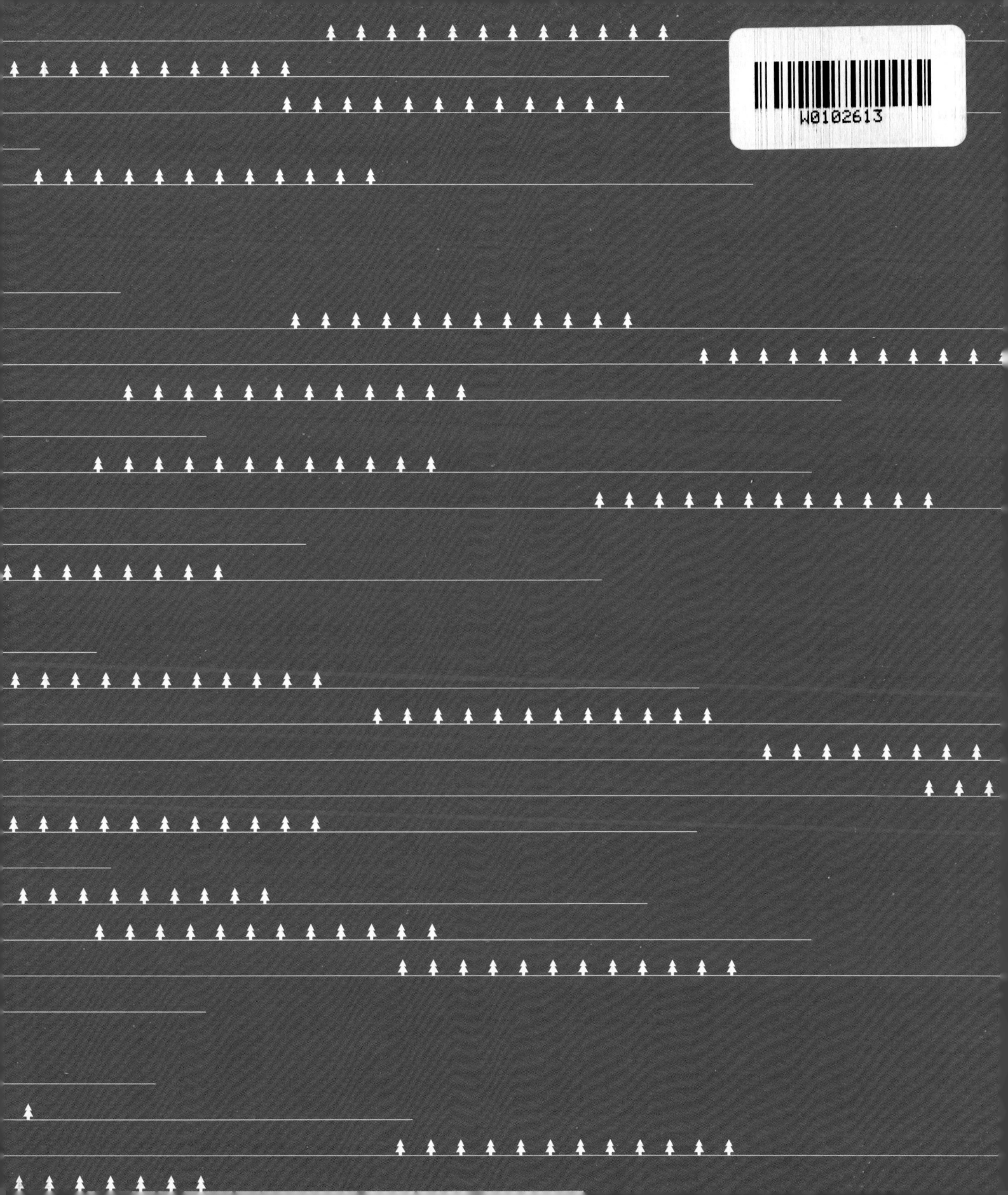

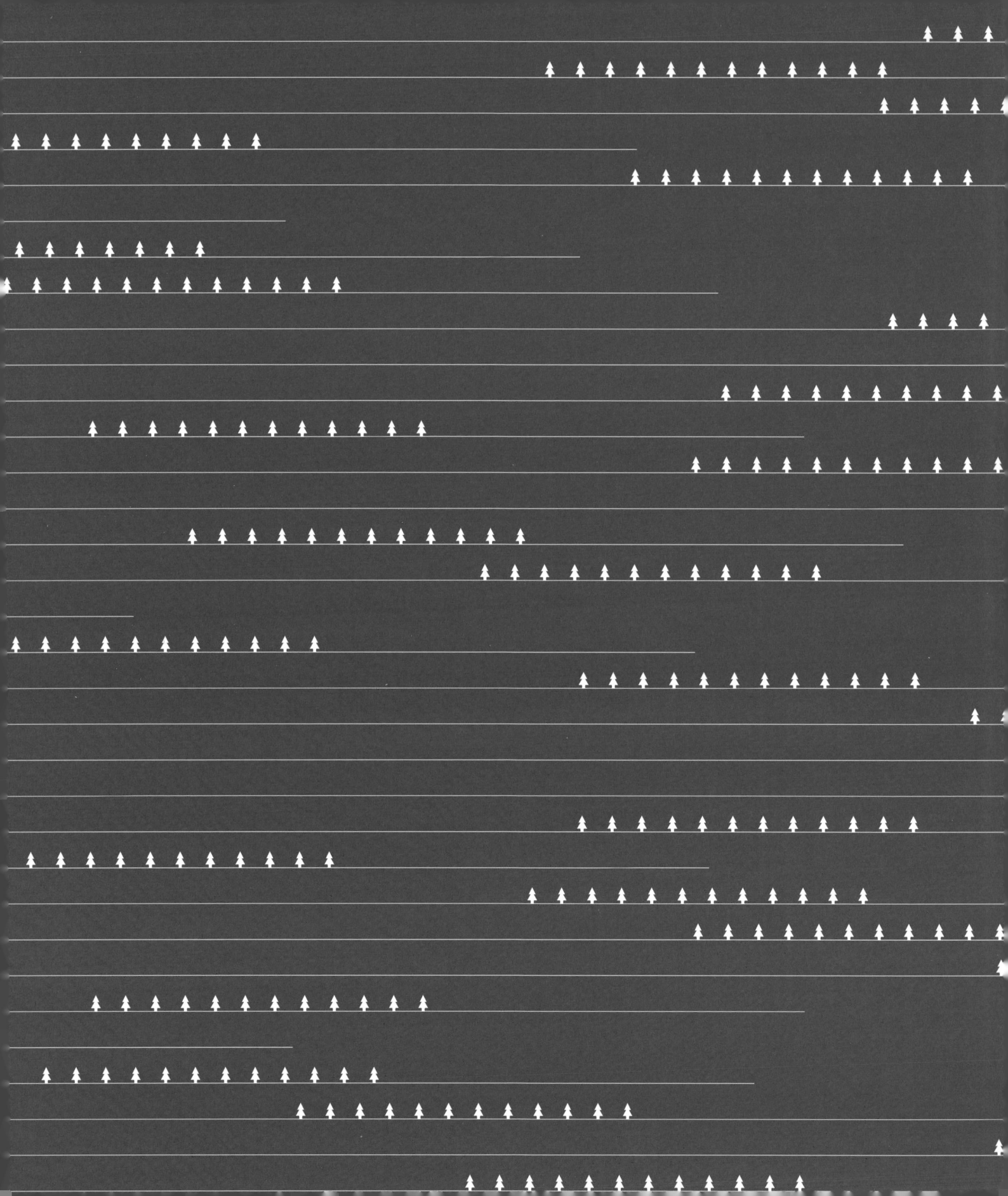

Die Schwarzwaldküche

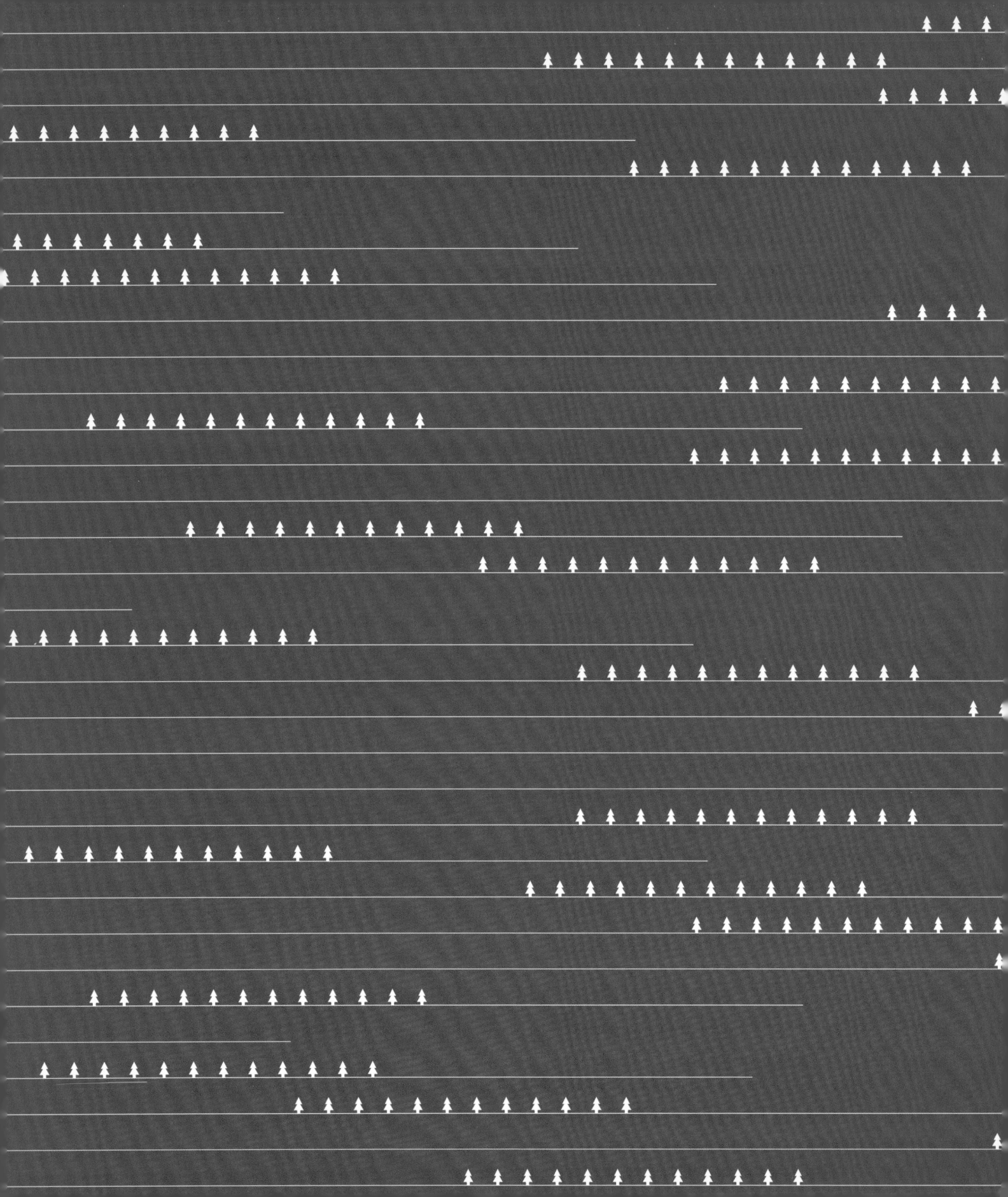

BETTINA BAUER-WÖRNER | REGINA CARLE | KLAUS-GÜNTHER WIESLER

Die Schwarzwaldküche
Ländlich genießen mit den Fallers

MIT FOTOS VON ANDRÉ CHALES DE BEAULIEU

Jan Thorbecke Verlag

Vorwort

„Essen ist fertig!" Wenn dieser Ruf durch den Fallerhof schallt, lässt jeder auf dem Hof alles stehen und liegen – egal womit er gerade beschäftigt ist. Rund um den Tisch in der heimeligen Küche versammeln sich dann alle, die hier wohnen: Hermann und Johanna, Karl und Bea, Jenny und Albert.
Das gemeinsame Essen ist der Familie sehr wichtig. Abgesehen davon, dass sich jeder auf die großen und kleinen Leckereien von Johanna oder Bea freut, ist diese Zeit für alle kostbar – wenn auch manchmal nicht ungetrübt. Oft wird „Tacheles" geredet und gelegentlich auch der ein oder andere Krach offen ausgetragen. Doch so sehr man sich streiten kann, so herzlich kann man auch miteinander lachen, sich wieder versöhnen und sich die Ereignisse des Tages erzählen.
Gemeckert wird über das Essen eigentlich selten, denn alle wissen, was für eine Arbeit das Kochen bereitet und dass die entsprechenden Zutaten nicht von alleine im Topf landen. Was oft so mühelos erscheint, ist tatsächlich straffes Zeitmanagement. Denn sowohl Johanna als auch Bea sind viel beschäftigt und müssen sich die Zeit für das Kochen einteilen. Trotzdem gelingt es den beiden Frauen immer wieder, die hungrigen Mäuler zu stopfen und alle zufriedenzustellen. Oft sitzt am Fallerschen Küchentisch der ein oder andere Esser mehr, denn die Fallers sind gastfreundlich. Wie gut, dass Johanna in solchen Momenten in ihrem Hofladen aus dem Vollen schöpfen kann. Dort findet sie neben frisch gebackenem Brot und selbstgemachtem Käse auch regionale und saisonale Produkte, aus denen sich immer schnell etwas Leckeres zaubern lässt.
In der Schwarzwaldküche von Johanna und ihrer Schwiegertochter Bea geht es nämlich eher handfest zu. Gekocht werden vorwiegend Speisen aus regionalem Saisongemüse und Fleisch, das von den Nachbarhöfen kommt. Die Beilagen sind je nach Gericht variabel – es gibt Nudeln oder Kartoffeln in jedweder Form. Wichtig ist: Das Essen muss schmecken und Kraft geben für einen anstrengenden Arbeitstag auf dem Bauernhof. Besonders beliebt bei allen Fallers, ob sie nun auf dem Hof wohnen oder in dem beschaulichen Örtchen Schönwald, sind die köstlichen Festtagsessen – eine Domäne Johannas. Sie liebt es, wenn ihre große Familie sich um den festlich gedeckten Tisch im Wohnzimmer schart. Fragt man Johanna, könnten solche Familientreffen viel öfter stattfinden. Wann immer der Duft eines frisch zubereiteten Essens durch den Fallerhof zieht, läuft allen das Wasser im Mund zusammen, und keiner kann es so richtig erwarten, bis es dann wieder heißt: „Essen ist fertig!"
So ist es schon seit 1994, als unsere Fernsehfamilie zum ersten Mal auf Sendung ging. Im damaligen SWF hat man sich auf das Abenteuer Serie eingelassen, und bis heute sind „Die Fallers" in Deutschland die einzige lang laufende Serie, die von einem öffentlich-rechtlichen Sender in Eigenregie hergestellt wird.
Wenn Sie das ein oder andere Rezept aus diesem Buch nachkochen und Ihre Familie oder Freunde damit verwöhnen, werden auch Sie alle, die Ihnen nahestehen, um einen Tisch versammeln. Vielleicht denken Sie dann ein bisschen an die Fallers. Und wenn Sie mögen, schalten Sie einfach ein – „Die Fallers – Die SWR Schwarzwaldserie", jeden Sonntag um 19.15 Uhr im SWR Fernsehen!
Wir wünschen Ihnen viel Spaß mit der Schwarzwaldküche und den Fallers!

Ihre
Bettina Bauer-Wörner und Regina Carle

Die Schwarzwaldküche

Heute kennt man den Schwarzwald mit seinen dichten Wäldern und idyllischen Bergen und Hügeln vor allem als beliebtes Reiseziel, das zusätzlich zur schönen Landschaft auch mit besonderen Gaumenfreuden punkten kann. Schon in der Spätantike von den Alamannen besiedelt, war der Schwarzwald früher ein Lebensraum, der durch seine raue Landschaft mit Entbehrungen und dem täglichen Kampf ums Überleben verbunden war. Neben Berufszweigen wie den Uhrmachern, den Bergleuten und den Forstwirten waren damals vor allem die Bauern ein wichtiger Eckpfeiler der Wirtschaft des Schwarzwaldes.

Die Bauern waren es auch, die mit dem, was sie auf ihren Höfen erwirtschafteten, die bis heute bekannte und geschätzte Schwarzwälder Küche prägten. Doch bevor man erklären kann, was genau heute die Schwarzwälder Küche ausmacht, muss man wissen, dass diese verschiedenen Einflüssen ausgesetzt war und von den geographischen Besonderheiten der Region mitgeformt wurde. Die Schwarzwälder Rezepte sind nicht lange unberührt geblieben, sondern waren einem stetigen Einfluss aus dem ehemaligen Vorderösterreich unterworfen, zu welchem die südwestdeutsche Region geographisch lange zugehörig war. Über Jahrhunderte hinweg mischten sich nicht nur Spezialitäten und Rezepte aus dem kulinarischen Wien und dem Kernland Österreich hinzu, sondern zusätzlich auch noch Speisen und Verfeinerungen aus Böhmen, Ungarn, dem Balkan und sogar aus der Türkei, deren Zuckerbäckerkunst sich bis heute noch in einigen Backrezepten erkennen lässt.

Als später der Tourismus in den Schwarzwälder Regionen zunahm, kamen auch weitere nationale Einflüsse hinzu, welche die Schwarzwälder Küche veränderten. Die feine badische Küche hielt in den Gaststätten Einzug, was sich zweifellos auch durch die günstige geographische Lage anbot. Auch die Nähe zur Schweiz und zu Frankreich hatte eine gegenseitige Bereicherung der regionalen Küchen zur Folge. Die würzigen Spuren der deftigen württembergischen Küche sind heute ebenfalls nicht mehr zu leugnen. Und das Ergebnis? Eine unnachahmliche, unvergleichliche Mischung aus elsässischen Spezialitäten, Kurpfälzer Tradition und Schwarzwälder Hausmannskost, die von der Professionalität der Schweizer Küche profitiert und stets verfeinert wird.

Doch woraus genau bestand die Schwarzwälder Küche, bevor sie durch die nationalen wie internationalen Einflüsse verändert wurde? Schon vor knapp 1000 Jahren dominierte im Süden des Schwarzwaldes die Milch- und Fleischwirtschaft. Bereits 1544 wurden die zwei bekanntesten Rinderrassen, das Vorderwälder- und das Hinterwälder-Rind, erwähnt. Sie wurden für die Fleisch- wie auch für die Milchgewinnung gehalten. Heute stehen beide Rassen auf der Roten Liste der gefährdeten Nutztierrassen Deutschlands. Es wird viel getan, die Rassen und damit auch ein Kulturgut zu bewahren – beispielsweise halten der Dortmunder Zoo und die Insel Mainau eine kleine Population der Rinder, wobei das Land Baden-Württemberg sogar Haltungsprämien vergibt.

Das Vorderwälder-Rind, auch einfach nur „Vorderwälder" genannt, ist eine alte Südschwarzwälder Hausrind-Rasse, die als besonders vital und langlebig gilt. Mit bis zu 145 cm Schulterhöhe ist es etwas größer als das Hinterwälder-Rind und hat durch seine robuste Art auch ein weiteres Verbreitungsgebiet. Das Hinterwälder-Rind ist mit seinen maximal 125 cm das kleinste Rind Mitteleuropas und kam ursprünglich nur im kargen Hochschwarzwald vor. Durch seine Größe ist es weniger leistungsstark, aber auch genügsamer und robuster als andere Rinderrassen. Das Hinterwälder-Rind ist heute ein wichtiger und unerlässlicher Helfer bei der Erhaltung der offenen Landschaft des Südschwarzwaldes mit seinem harten Klima und schwierigen Gelände, da es sich den rauen Gegebenheiten der Landschaft perfekt angepasst hat.

Die „Wälderrinder" sind ein Stück Heimat im Südschwarzwald, denn immerhin stammten ursprünglich typische Schwarzwälder Produkte aus Kuhmilch, wie Butter, Quark oder Käse,

von diesen beiden Rinderrassen. Außerdem kennt und schätzt man den Südschwarzwald wegen dem schmackhaften und hochwertigen Fleisch der Wälderrinder. So ist es kein Wunder, dass in vielen Gerichten das Rindfleisch dieser beiden Rassen mit Vorliebe zum Einsatz kommt.

Neben der Fleischverarbeitung wurden auf den Höfen im Schwarzwald auch schon immer vielerlei Käsesorten hergestellt, denn es galt auf den abgelegenen Bauernhöfen, die Milch des Wälderrinds haltbar zu machen. Über Jahrhunderte hatte diese alte Tradition geruht und wurde erst in den letzten Jahren von einigen Milchbauern mit Unterstützung des Naturparks Südschwarzwald wieder zum Leben erweckt – und obwohl die Käseherstellung im Schwarzwald eine genauso lange Tradition wie die Fleischerzeugung besitzt, gibt es bis heute keine Schwarzwälder Käsesorte, die ebensolchen Weltruhm wie der Schwarzwälder Schinken hätte. Dabei entstehen im Schwarzwald vielfältige Käsevariationen vom einfachen „Bibeleskäs" über verschiedene Weichkäsesorten bis hin zum lang gereiften Bergkäse. Das unverwechselbare Aroma und der Geschmack des Schwarzwälder Käses sind das Ergebnis von saftigen, kräuterreichen Wiesen und Weiden sowie einer schmackhaften und hochwertigen Milch.

Der Schwarzwald ist durch seine Lage in Bezug auf die Nahrungsmittel sehr abhängig von Jahreszeit und Witterung. Daher ist auch die Schwarzwälder Küche eine sehr saisonale Küche. Neben dem erwähnten Käse, Rind- und Schweinefleisch wird die Schwarzwälder Küche noch durch Einiges mehr bereichert. Dazu gehören Produkte wie Wild, Fisch – vor allem Forellen, Saibling und Hecht (heute meist aus der Zucht) –, Pilze, Beeren und Kräuter sowie Kartoffeln und Getreide. Es entsteht eine vielfältige Küche, die für jeden Gaumen etwas bieten kann.

Der Geschmack des Schwarzwaldes ist auch die Geschichte, Tradition und Kultur dieser Region. Ich freue mich daher sehr, Ihnen all das mit diesem Buch ein wenig näherbringen zu dürfen. Verwenden Sie, soweit möglich, immer frische saisonale Produkte, die Sie am besten direkt vom Erzeuger beziehen. Damit bewahren Sie beim Nachkochen die Reinheit und Echtheit der Schwarzwälder Kochkunst. Versuchen Sie es! Es gelingt Ihnen bestimmt. Damit Ihnen das leichter fällt, haben wir die Rezepte nach den Jahreszeiten gegliedert. So sehen Sie auf einen Blick, welche Zutaten Sie gerade gut erhalten können. Probieren Sie die köstlichen Rezepte und genießen Sie den einzigartigen Geschmack des Schwarzwaldes.

Ihr Klaus-Günther Wiesler

Sauerampfercremesuppe

Für 4 Personen

1 Handvoll Blattspinat
3 Handvoll Sauerampfer
4 Schalotten
50 g Butter
30 g Mehl
1 l Gemüsebrühe
Salz
Pfeffer aus der Mühle
4 EL Crème fraîche

1. Die Spinatblätter von den Stielen befreien und zusammen mit den Sauerampferblättern waschen und in dünne Streifen schneiden. Die Schalotten ganz fein hacken und in der Butter weich dünsten. Mit dem Mehl bestäuben, verrühren und mit der heißen Brühe ablöschen. Mit Salz und Pfeffer abschmecken. Unter Rühren bei schwacher Hitze 5 Minuten kochen lassen.

2. Dann zwei Drittel der Sauerampfer- und Spinatstreifen und die Crème fraîche dazugeben, mitkochen und mit dem Pürierstab durchmixen. Danach den Rest der Streifen dazugeben und das Ganze auf der noch warmen Herdplatte durchziehen lassen. Mit gerösteten Weißbrotwürfeln servieren.

Löwenzahnsalat mit Schwarzwälder Speck und Gänseblümchen

Für 4 Personen

2 Handvoll junge kleine Löwenzahn-Blätter
2 Schalotten
1 kleine Zehe Knoblauch
80 g Schwarzwälder Speck
Öl zum Anbraten
2 Scheiben Toastbrot, gewürfelt
4 EL Balsamicoessig, weiß
Salz
Pfeffer aus der Mühle
1 TL Zucker
1 EL Senf, mittelscharf
8 EL Öl (Olivenöl)
Etwa 20 Gänseblümchen ohne Stiele

1. Junge kleine Löwenzahnblätter sammeln, gut waschen und trocken schleudern.

2. Die Schalotten und die Knoblauchzehe fein würfeln. Den Speck in kleine Würfel schneiden und in einer Pfanne mit ganz wenig Öl eine Minute anbraten. Dann die Schalotten- und Knoblauchwürfel dazugeben und alles bei mäßiger Hitze goldbraun rösten. Kurz bevor es fertig ist, die Toastbrotwürfel dazugeben und mitrösten.

3. Für das Dressing Essig, Salz, Pfeffer, Zucker, Senf und Öl zusammenrühren und unter den Löwenzahn mischen. Dann die lauwarmen Speck- und Brotwürfel locker unter den Salat heben und auf Tellern anrichten. Mit den Gänseblümchen garnieren.

Carpaccio vom Weiderind mit Bärlauch

Für 4 Personen

300 g Rinderfilet am Stück
1 Handvoll Bärlauchblätter
Salz
Pfeffer aus der Mühle
8 EL Öl (kalt gepresstes, aromatisches Olivenöl)
60 g Bergkäse am Stück

1. Das Rinderfilet quer aufschneiden und ausbreiten. Den Bärlauch waschen, in ein Sieb legen und mit kochendem Wasser übergießen. Den so blanchierten Bärlauch dünn auf dem Rinderfilet verteilen, leicht salzen und pfeffern.

2. Nun das Rinderfilet sorgfältig aufrollen und in seine ursprüngliche Form bringen. Das Stück in Frischhaltefolie einwickeln, ins Tiefkühlfach legen und ca. 2 Stunden anfrieren lassen.

3. Das Rinderfilet auspacken, mit einem sehr scharfen, großen Messer oder einer elektrischen Schneidemaschine hauchdünn aufschneiden. Die Scheiben auf vier Tellern nebeneinander anrichten und mit dem Olivenöl beträufeln.

4. Den Bergkäse darüberhobeln oder -reiben, je nach Alter des Käses. Zum Carpaccio reicht man im Schwarzwald gerne Feldsalat und getoastetes Bauernbrot.

Nudeln in Bärlauchpesto

Für 4 Personen

PESTO
120 g Bärlauchblätter
40 g glatte Petersilie
6 Knoblauchzehen
50 g Pinienkerne, geröstet
90 g Parmesan, frisch gerieben
1 TL Salz
1 TL Pfeffer
125 ml Olivenöl

250 g Nudeln Ihrer Wahl
2 Schalotten
3 EL Olivenöl
500 g Cocktailtomaten am Strunk
100 g Champignons

1. Für das Pesto den Bärlauch und die Petersilie waschen, grob hacken und mit den anderen Zutaten bis auf das Olivenöl in den Küchenmixer geben und fein hacken. Dann das Olivenöl langsam dazugeben.

2. Die Nudeln in kochendem Wasser nach Packungsangabe bissfest kochen.

3. In der Zwischenzeit die Schalotten würfeln und mit dem Öl in einer Pfanne glasig dünsten. Dann die Cocktailtomaten abzupfen und halbieren. Die Champignons waschen, in Scheiben schneiden und beides in die Pfanne geben. Wenn die Tomaten und Champignons gar sind, das Pesto sowie 5 EL Nudelwasser dazugeben.

4. Die fertig gekochten Nudeln auf ein Sieb schütten, mit kaltem Wasser kurz abschrecken und unter das Pesto heben. Auf vorgewärmten Pastatellern anrichten und gleich servieren.

BERNHARD FALLER

promovierter Biologe, Bürgermeister von Schönwald | Sohn von Hermann und Johanna | Bruder von Kati und Karl | Vater von Albert | Cousin von Sophie und Matthias | Onkel von Eva | Ex-Freund von Monique

Margarete Markhardt-Siegel (Birgit Bücker), Bernhard Faller (Karsten Dörr)

Manchmal verflucht Bernhard den Tag, an dem er „Ja" gesagt hat. Es war nur ein kurzer Moment, und doch hat der sein ganzes Leben verändert: Plötzlich war er Bürgermeister von Schönwald. Von einem Tag auf den anderen musste der promovierte Biologe den Chefsessel seiner Biotech-Firma gegen den Bürgermeisterstuhl im Rathaus tauschen. Nur noch selten findet er deshalb die Zeit, sich bei seinem Lieblingsitaliener eine leckere Pasta zu gönnen. Bernhard hat sich auf die Fahne geschrieben, seine Gemeinde „ökologisch fit für die Zukunft" zu machen. Das ist für ihn eine ganz besondere Herausforderung. Oft genug wird er nämlich mit der harten Realität konfrontiert, die ihn mit Gesetzestexten, Vorschriften, Sitzungen und Beschlüssen allzu gerne ausbremst. Und wenn dann noch die Schwarzwälder Eigensinnigkeit dazukommt, dann spürt er ganz deutlich, dass auch er einer ist – ein echter Schwarzwälder.

Spargel mit Bärlauch, Tomaten und Champignons

Für 4 Personen

1 kg Spargel
1 l Wasser
10 g Zucker
5 g Salz
50 g Butter
2 Schalotten
2 EL Rapsöl
100 g Steinchampignons
100 g Frühlingstomaten
1 Handvoll Bärlauchblätter

1. Den Spargel waschen und schälen. Das Wasser mit dem Zucker, dem Salz und der Butter zum Kochen bringen. Den Spargel einlegen und ca. 20 Minuten kochen. Er ist gar, wenn sich die Spargelköpfe leicht eindrücken lassen. Danach den Spargel abschöpfen, mit kaltem Wasser abschrecken und in Stücke schneiden.

2. Die Schalotten in Würfel schneiden und in einer Pfanne in dem Öl glasig dünsten. Die Steinchampignons waschen, in Scheiben schneiden und in die Pfanne geben. Die Tomaten würfeln. Wenn die Champignons gar sind, die Tomatenwürfel dazugeben.

3. Wenig später die Spargelstücke dazugeben und mit anbraten. Zum Schluss die in Streifen geschnittenen Bärlauchblätter unterheben und alles auf vorgewärmten Tellern anrichten.

Roulade vom Saibling auf Basilikum-Apfelsoße

Für 4 Personen

8 Saiblingsfilets
Salz
Pfeffer aus der Mühle
1 Zitrone
200 g Blattspinat, blanchiert
8 Blatt Basilikum

SOSSE

1 Apfel, in kleine Würfel geschnitten
Etwas Butter
½ l Fischfond
3 EL Crème fraîche
8 Blatt Basilikum, in feine Streifen geschnitten

1. Die Haut der Saiblingsfilets mit einem scharfen Messer ca. zu drei Vierteln ablösen, von der Schwanzseite her beginnend. Dann die Filets leicht salzen, pfeffern und mit Zitrone beträufeln. Mit etwas blanchiertem Spinat und einem Basilikumblatt belegen. Jetzt das Filet von der Schwanzseite her aufrollen und zuletzt mit der Haut umwickeln.

2. Die Saiblingsroulade bei schwacher Hitze rundherum anbraten und im Backofen bei 160 °C ca. 8 Minuten garziehen lassen.

3. Für die Soße die Apfelwürfel kurz in Butter andünsten, anschließend den Fischfond angießen und etwas reduzieren lassen. Dann die Crème fraîche und die Basilikumstreifen dazugeben und die Soße mit einem Mixstab aufmixen. Mit Salz und Pfeffer abschmecken.

FRANZ FALLER

Ex-Banker, Ex-Sägewerksbesitzer, Ex-Hotelier, Geschäftsmann | Bruder von Hermann und Heinz | Vater von Matthias | Opa von Jonas | Onkel von Kati, Karl, Bernhard und Sophie

Heinz Faller (Thomas Meinhardt), Franz Faller (Edgar-M. Marcus)

Für ein gutes Essen würde Franz seine Schwiegermutter verkaufen, wenn er eine hätte. Er ist nämlich ein ausgewiesener Gourmet und leidenschaftlicher Koch, der sich gerne an den Herd stellt und mit erlesenen Zutaten ein opulentes Mahl bereitet. Selbstverständlich legt Franz Wert auf Etikette und freut sich wie ein kleines Kind über einen geschmackvoll gedeckten Tisch mit silbernem Besteck und feinstem Leinen. Bei einem exzellenten Essen und einem guten Glas Rotwein träumt er dann seinen Lieblingstraum: Wie es wäre, Hotelier zu sein im „Grand Faller", dem ersten Haus am Platze. Umso härter trifft es ihn, wenn Heinz mal wieder Küchendienst hat und zum Kochlöffel greift. Dann weiß Franz, was ihn erwartet: ein undefinierbarer Maisbrei, serviert im Kochtopf! Wie kann ein solch kulinarischer Banause sein Bruder sein? Na Mahlzeit!

Schwarzwaldforelle, pochiert, auf Sauerampfersoße

Für 4 Personen

2 Schalotten
75 g Butter + etwas zum Fetten der Form
150 ml Wein (Riesling)
150 ml Fischfond
8 Forellenfilets, ohne Haut und Gräten
Salz
Pfeffer aus der Mühle
250 ml Sahne
2 EL Sauerampfer, gehackt

1. Die Schalotten hacken. Die Butter in einem mittelgroßen Topf zerlassen, die Schalotten darin 3 Minuten glasig dünsten. Den Wein und den Fischfond zugießen, auf höchster Stufe zum Kochen bringen und in 5 Minuten reduzieren lassen.

2. Eine große feuerfeste Auflaufform mit Butter ausfetten und die Forellenfilets nebeneinander hineinlegen. Die Filets mit Salz und Pfeffer bestreuen. Den abgekühlten Wein-Fischfond darübergießen und das Ganze abgedeckt 8–12 Minuten im Backofen garziehen lassen. Die Filets auf einen Teller geben und warm stellen.

3. Die Kochflüssigkeit durch ein feines Sieb in einen Topf gießen und nochmals reduzieren lassen. Die Sahne dazugeben und alles 5 Minuten köcheln lassen. Salzen, pfeffern, den Sauerampfer dazugeben und die Soße mit dem Mixstab aufschäumen.

4. Die Filets anrichten, die Soße darübergeben und mit Petersilienkartoffeln oder Bandnudeln servieren.

Kalbskräuterbraten in Sahnesoße

Für 4 Personen

KRÄUTERMISCHUNG

1 Knoblauchzehe, fein gehackt
Je 1 TL Rosmarin, Majoran und Paprikapulver
3 EL Senf, mittelscharf
Salz
Pfeffer aus der Mühle

1 kg Kalbsbraten (Schulter, Nuss oder Bug)
Fett zum Braten
1 Zwiebel
1 Karotte
100 g Knollensellerie
1 Tomate
¼ l Weißwein (Grauer Burgunder)
½ l brauner Kalbsfond
3 EL Sahne oder Crème fraîche
Etwas Zitronensaft

1. Alle Zutaten der Kräutermischung miteinander vermengen und den Kalbsbraten rundum damit einreiben. In einem Bratentopf in heißem Fett von allen Seiten schön braun anbraten.

2. In der Zwischenzeit die Zwiebel, die Karotte und den Sellerie in Würfel schneiden. Wenn das Fleisch schön braun ist, das gewürfelte Gemüse mit anbraten, bis die Zwiebelwürfel ebenfalls leicht braun sind. Zuletzt die Tomate würfeln und dazugeben.

3. Den Wein und den Kalbsfond angießen und das Ganze im Backofen bei ca. 160 °C 1,5–2,5 Stunden braten.

4. Das Fleisch herausnehmen und warm stellen. Die Soße durch ein Sieb passieren. Die Sahne oder Crème fraîche dazugeben und mit Salz, Pfeffer und etwas Zitrone abschmecken.

Ochsenschwanzragout

Für 4 Personen

2 kg Ochsenschwanz, in Stücken
Fett oder Öl zum Braten
1 Sellerieknolle
1 Zwiebel
1 Stange Lauch
3 Karotten
2 EL Tomatenmark
½ l Rotwein
1 l Fleischbrühe
3 Lorbeerblätter
2 Nelken
Paprikapulver, mild
Salz
Pfeffer aus der Mühle

1. Den Ochsenschwanz in einem Bratentopf in etwas Fett oder Öl leicht anbraten. Wieder aus dem Bräter nehmen und beiseite stellen. Dann den Sellerie, die Zwiebel, den Lauch und die Karotten grob würfeln und in den Bräter geben. Bei mäßiger Hitze unter Rühren von allen Seiten anrösten. Dann das Tomatenmark dazugeben und alles weiter anrösten.

2. Immer wieder mit Rotwein und Brühe ablöschen. Wenn alles gut gebräunt ist, die Kräuter und Gewürze sowie die Ochsenschwanzstücke dazugeben und mit dem restlichen Rotwein und der Brühe auffüllen. Im Backofen bei kleiner Hitze ca. 2 ½ Stunden schmoren.

3. Dann das Fleisch wieder herausnehmen, die Soße durchpassieren und mit Salz, Pfeffer und Rotwein abschmecken. Jetzt von den Ochsenschwanzstücken das Fleisch ablösen und zurück in die Soße geben. Mit Semmelknödeln oder Bandnudeln servieren.

ANDREAS GRUB
Tierarzt | Biker | Freund von Eva | Ex-Freund von Sophie

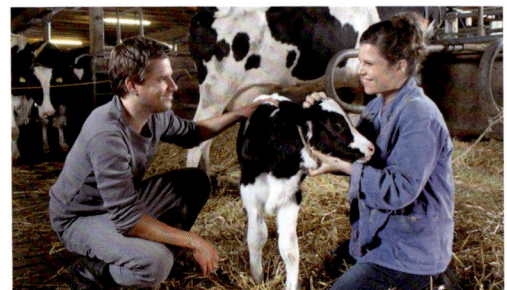

Andreas Grub (Ralph Gassmann), Eva Schönfeldt (Lucie Muhr)

Aus heiterem Himmel bekam Andreas das Angebot, eine Tierarztpraxis im Schwarzwald zu übernehmen. Für den jungen Tierarzt war das nicht unbedingt das Ziel seiner beruflichen Träume. Als Städter fand er die Vorstellung von einem ruhigen Landleben alles andere als reizvoll. Glücklicherweise entschied er sich schließlich doch dafür, denn es entpuppte sich als die beste Wahl, die er je getroffen hatte. Und das nicht nur, weil er mit seiner geliebten Harley die unendlichen Weiten des Schwarzwaldes durchstreifen kann oder durch die bodenständige Schwarzwälder Küche ganz neue Genüsse erleben darf. Es war die beste Entscheidung vor allem deshalb, weil Andreas seine große Liebe gefunden hat: Eva, die Löwen-Wirtin.

Rehrücken in Holunderbeersoße

Für 4 Personen

800 g Rehrücken, ausgelöst und pariert
Salz
Pfeffer aus der Mühle
2 EL Rapsöl

REHFOND

Die Knochen des Rehrückens, klein gehackt
4 EL Rapsöl
1 Zwiebel mit Schale
1 Stange Lauch
1 Karotte
½ Sellerieknolle
500 ml Rotwein
1 Lorbeerblatt
1 Knoblauchzehe, zerdrückt
1 TL Thymian, getrocknet
1 TL weiße Pfefferkörner
1 TL Wacholderbeeren, zerdrückt
500 ml Wasser

SOSSE

1 TL Holunderbeerkonfitüre
Salz
Pfeffer aus der Mühle
Butter, eiskalt, in Stückchen

1. Den Rehfond können Sie bereits einige Tage vorher zubereiten oder fertig im Glas kaufen. Für den Fond werden alle Knochen und Fleischabfälle sehr klein gehackt oder geschnitten und in einem Bratentopf im Backofen in etwas Rapsöl gleichmäßig gebräunt. Die Zwiebel halbieren, die Schnittstellen in einer Pfanne anrösten und die Zwiebel zusammen mit dem in Würfel geschnittenen Gemüse zu den Knochen geben. Alles langsam weiterrösten. Darauf achten, dass nichts anbrennt, denn das würde den Fond bitter machen. Von Zeit zu Zeit den Ansatz mit Rotwein ablöschen. Wenn alles gut angebräunt ist, alle Gewürze dazugeben und mit Rotwein und Wasser auffüllen. Im Ofen 3–4 Stunden leicht vor sich hin köcheln lassen. Immer wieder gut abschäumen. Anschließend die Knochen-, Fleisch- und Gemüseteile mit einem Schaumlöffel herausnehmen und die Flüssigkeit durch ein feines Sieb oder Passiertuch in einen anderen Topf umfüllen. Jetzt wird der Rehfond bei mäßiger Hitze bis auf ca. ½ l reduziert.

2. Die Soße bereiten Sie zu, bevor das Fleisch in den Ofen kommt. Dazu den Rehfond aufkochen und mit der Holunderbeerkonfitüre, Salz und Pfeffer abschmecken. Wenn die Soße zu dünn ist, die kalten Butterstückchen nach und nach zum Binden in die Soße rühren. Achtung: Jetzt darf die Soße nicht mehr kochen.

3. Den Rehrücken in vier ca. 200 g große Portionen schneiden. Schwach salzen und pfeffern. Mit dem Rapsöl in einer Pfanne bei mäßiger Hitze auf beiden Seiten anbraten und im Backofen bei 160 °C ca. 6 Minuten weiterbraten. Wenn der Fleischsaft in kleinen Tropfen auf der Oberseite des Rehrückens austritt, ist dieser gar. Jetzt aus dem Ofen nehmen und auf einem Teller, zugedeckt mit Alufolie, 2–3 Minuten ruhen lassen, damit beim Anschneiden kein Fleischsaft austritt. Den Rehrücken auf der Soße anrichten und Bubenspitzle oder Spätzle dazu servieren.

Kirschplotzer

Der Kirschplotzer ist ein sehr altes, überliefertes Rezept. Fertig gebacken ist der Kuchen sehr schwer, saftig und einfach köstlich. Da die Kirschen mit Stein verarbeitet werden, behalten sie ihr unbeschreiblich feines Kirscharoma. Achtung! Alle vor dem Verzehr auf die Kirschkerne hinweisen. Sonst kann es leicht zu einem Besuch beim Zahnarzt kommen.

Für eine Springform mit 28 cm Durchmesser

5 Roggenbrötchen
Fett und Semmelbrösel für die Form
12 Eier
300 g Zucker
3 TL Instantkaffee
1 TL Zimt
150 g gehobelte Mandeln
Etwa 300 g Mehl
2 kg Kirschen mit Stein
Puderzucker

1. Die Brötchen in warmem Wasser einweichen, sodass sie von allen Seiten wie ein Schwamm vollgesaugt sind. Dann auf ein Sieb geben und mit beiden Händen fest das Wasser ausdrücken. Den Boden der Kuchenform mit Backpapier auslegen und alles gut ausfetten. Dann die ganze Form mit Semmelbröseln bestreuen.

2. Den Backofen auf 220 °C (Umluft 200 °C) vorheizen. Mit dem Rührgerät die Eier sehr schaumig schlagen. Nach und nach den Zucker dazugeben. Den Kaffee, den Zimt und die Mandeln mit den ausgedrückten Brötchen vermengen und mit der Hand locker unter die Eimasse heben. Zum Schluss das Mehl in kleinen Portionen ebenfalls mit der Hand unterheben, bis die Masse biskuitartige Konsistenz hat.

3. Jetzt die Kirschen dazugeben und alles erneut vermengen. Nun die Masse in die Kuchenform geben und im vorgeheizten Backofen 60–75 Minuten backen. Den Kirschplotzer in der Form etwas abkühlen lassen, dann herausnehmen, das Backpapier abziehen und den Kirschplotzer mit Puderzucker bestreuen. Noch warm schmeckt er am besten.

JOHANNA FALLER

Altbäuerin, Hofladenbesitzerin, Landfrauenvorsitzende | Frau von Hermann | Mutter von Kati, Karl und Bernhard | Oma von Eva, Albert und Jenny | Tante von Sophie und Matthias | Schwägerin von Franz und Heinz

Johanna Faller (Ursula Cantieni)

Manchmal weiß Johanna überhaupt nicht mehr, wo ihr der Kopf steht. Sie ist nicht nur Besitzerin eines Hofladens, sondern auch als Vorsitzende der Landfrauen in der Gemeinde vielfältig aktiv. Und trotzdem findet sie immer wieder genügend Zeit für ihre Familie. Am wohlsten ist es ihr, wenn alle Fallers an einem Tisch sitzen und sie sie mit ihren Leckereien verwöhnen kann. Dann ist für Johanna die Welt in Ordnung, und sie ist dankbar, dass es das Schicksal letztendlich doch gut mit ihr gemeint hat. Nie wird sie vergessen, wie sie in Kriegszeiten als kleines Mädchen mit der Kinderlandverschickung von Dresden in den Schwarzwald kam – alleine, ohne Eltern, ohne Geschwister. Damals wurde sie von Wilhelms Frau Rita mit offenen Armen empfangen und aß den ersten Kirschplotzer ihres Lebens. Warm war er, wie Ritas Herz. Noch heute, wenn sie selbst Kirschplotzer bäckt und ihr der Geruch des frisch gebackenen Kuchens in die Nase steigt, ist es wieder da: das Gefühl, angekommen zu sein.

Schokoladenquarknocken mit Sauerkirschen

Für 4 Personen

QUARKNOCKEN
500 g Magerquark
5 Eier
4 EL Mehl Type 405
200 g reines Kakaopulver, schwach entölt
1 Prise Salz

Öl zum Ausbacken
200 g Zucker
3 TL Zimt, gemahlen

SOSSE
1 Glas Sauerkirschen
2 TL Maisstärke
Zucker
Zimt
1 Zitrone

1. Den Quark, die Eier, das Mehl, das Kakaopulver und 1 Prise Salz in eine Schüssel geben und gut durchkneten. Das Öl auf ca. 180 °C erhitzen.

2. Mit einem Esslöffel Nocken aus der Masse ausstechen und diese direkt im heißen Öl schwimmend ausbacken. Die Nocken sind fertig, wenn sie schön braun sind. Das dauert ca. 3–4 Minuten. Dann herausnehmen und auf einem Küchenpapier abtropfen lassen. In Zimtzucker wenden und heiß servieren.

3. Die Kirschen abtropfen lassen und den Saft auffangen. Den Saft der Sauerkirschen in einem kleinen Topf zum Kochen bringen. Die Maisstärke in etwas Wasser auflösen und damit den Kirschsaft leicht binden. Mit Zucker, Zimt und etwas Zitronensaft abschmecken. Die Kirschsoße mit den Kirschen lauwarm zu den Schokoladenquarknocken servieren.

Sommer

Cremesuppe von der Rosskartoffel

Die Topinamburknolle wird im Schwarzwald Rosskartoffel genannt, da sie früher oft als Futter für Pferde verwendet wurde.

Für 4 Personen

800 g Topinambur
200 g Kartoffeln
50 g Schalotten
50 g Butter
750 ml Gemüsefond
250 ml Sahne
Salz
Pfeffer aus der Mühle
3 Toastbrotscheiben

1. Die Topinambur und die Kartoffeln waschen, schälen und in grobe Würfel schneiden. Die Schalotten schälen und würfeln, in der Butter glasig andünsten. Die Topinambur und die Kartoffeln dazugeben und mit dem Fond aufgießen. Bei mäßiger Hitze weich kochen.

2. Die Suppe fein mixen. Die Sahne dazugeben und mit Salz und Pfeffer abschmecken. Die Toastbrotscheiben würfeln und in einer Pfanne goldgelb rösten. Die Suppe mit den Toastbrotwürfeln garnieren.

Kürbiscremesuppe

Für 4 Personen

400 g Hokkaido-Kürbis
2 mittelgroße Kartoffeln
1 Apfel
1 große Zwiebel
1 Knoblauchzehe
Etwas Rapsöl
2 Karotten, in Würfeln
1 TL frischer Ingwer, gerieben
750 ml Gemüsebrühe
250 ml Sahne
Saft von einer Zitrone
1 TL Koriander, gemahlen
Salz
Pfeffer aus der Mühle
4 EL Sahne, geschlagen
Kürbiskernöl zum Garnieren

1. Den Hokkaido halbieren, entkernen und mit der Schale in Würfel schneiden. Die Kürbiskerne in der Pfanne rösten und zum Garnieren beiseite stellen. Die Kartoffeln und den Apfel schälen und würfeln. Die Zwiebel und Knoblauchzehe fein hacken. Die Zwiebel in etwas Rapsöl glasig dünsten, den Kürbis, die Kartoffeln, den Apfel, die Karotten, den Knoblauch und den Ingwer zufügen und mit der Gemüsebrühe zum Kochen bringen. Weich kochen.

2. Die Sahne, etwas Zitronensaft, Koriander, Salz und Pfeffer dazugeben und nochmals kurz aufkochen. Danach mit dem Mixstab fein pürieren und abschmecken.

3. Die Kürbissuppe in Suppentellern servieren. Mit geschlagener Sahne, Kürbiskernen und Kürbisöl garnieren.

SOPHIE KRAMER

Ex-Studentin, Künstlerin | Tochter von Heinz | Cousine von Kati, Karl, Bernhard und Matthias | Nichte von Hermann, Johanna und Franz

Karl Faller (Peter Schell), Sophie Kramer (Janina Flieger)

Wenn man über den Schwarzwaldwipfeln das Kreischen einer Motorsäge hört, muss das nicht unbedingt ein Holzbauer sein, der Bäume fällt. Es ist durchaus möglich, dass Sophie wieder einmal dabei ist, aus einem Holzstamm ein Kunstwerk zu gestalten. Genauso wie ihr Lehrmeister Karl liebt sie die Arbeit mit dem Holz und ist oft genug selbst erstaunt, wie schnell die Zeit verfliegt, wenn sie an ihren Skulpturen arbeitet. Nur ein lautes Magenknurren erinnert sie dann daran, dass sie nicht nur die Zeit, sondern auch das Essen vergessen hat. Wie gut, dass sie sich angewöhnt hat, immer einen großen Topf voll Suppe zu kochen – die kann man am schnellsten wärmen, in großen und auch in kleinen Portionen. Sophie freut sich schon immer auf die Kürbiszeit, denn die großen Früchte ergeben eine ordentliche Menge leckere Kürbiscremesuppe – damit kann sie Karl allerdings jagen!

Steinpilze mit Nudeln

Für 4 Personen

400 g Nudeln, am besten hausgemacht
250 g Steinpilze
80 g Schwarzwälder Speck in Streifen
1 kleine Zwiebel, in Würfel geschnitten
2 EL Olivenöl
80 ml Weißwein
300 ml Sahne
1 Bund Frühlingszwiebeln, fein geschnitten
3 EL frisches Basilikum, gehackt
Salz
Pfeffer aus der Mühle
50 g Parmesan oder Bergkäse zum Bestreuen

1. Die Nudeln bissfest kochen und warm halten.

2. Die Pilze putzen und in dünne Scheiben schneiden. Die Speck- und Zwiebelwürfel in Olivenöl anbraten, die Pilze dazugeben und mit braten. Mit dem Weißwein ablöschen.

3. Die Sahne dazugeben und etwas einkochen lassen. Jetzt die Frühlingszwiebeln und das gehackte Basilikum dazugeben. Mit Salz und Pfeffer abschmecken.

4. Die Pilze unter die Nudeln heben und auf vorgewärmten Tellern anrichten. Mit dem geriebenem Käse garnieren.

DIETER WEISS
Hauptamtsleiter im Schönwalder Rathaus | Single

Hermann Faller (Wolfgang Hepp), Dieter Weiss (Christoph Hagin)

Im Schönwalder Rathaus ist Hauptamtsleiter Weiss seit Jahren die graue Eminenz. Für Bürgermeister Bernhard Faller ist er vor allem eines: ein notorischer Erbsenzähler. Was waren das für Zeiten, als Bernhards Vater Hermann im Rathaus das Sagen hatte! Herr Weiss denkt mit großer Wehmut daran zurück und munitioniert sich mit seiner großen Leidenschaft für die anstrengenden Kämpfe mit seinem neuen Chef: Er hört Musik in jeder Lebenslage. Besonders die gewaltigen Opern von Puccini haben es ihm angetan. Diese Musik gibt ihm die Kraft, seinem Bürgermeister Paroli zu bieten. Als Rheinländer ist er zwar nicht auf den Mund gefallen, aber bei Bernhard Faller fällt ihm manchmal nichts mehr ein. Ab und an schnappt er sich nach Dienstschluss seine Walking-Stöcke, um sich abzureagieren, und streift durch den Schwarzwald. Wenn er dann auch noch das Glück hat, Pilze für sein Abendessen zu finden, ist die Welt wieder halbwegs in Ordnung.

Käseknödel mit Rahmpfifferlingen

Für 4 Personen

KNÖDEL
8 altbackene Brötchen
500 ml heiße Milch
Salz
½ Zwiebel, gewürfelt
1 EL Petersilie, gehackt
50 g Butter
3 Eier
220 g Schwarzwälder Bergkäse
Etwas Mehl

SOSSE
600 g frische Pfifferlinge
½ Zwiebel, gewürfelt
1 Knoblauchzehe, zerdrückt
1 Stange Lauchzwiebeln
Etwas Madeira
500 ml flüssige Sahne
Pfeffer aus der Mühle

1. Die Brötchen in dünne Scheiben schneiden, mit der heißen Milch übergießen, salzen und mit einem Deckel zugedeckt ziehen lassen. Die Zwiebeln und die Petersilie in der Butter andünsten und zu den Brötchen geben. Die Eier und den geriebenen Käse dazugeben. Alles zu einem festen Teig vermengen. Falls nötig, noch etwas Mehl hineinarbeiten.

2. Mit feuchten Händen zu gleichmäßigen Knödeln formen und in siedendem Salzwasser ziehen lassen, bis sie oben schwimmen. Herausnehmen, etwas abkühlen lassen und in dicke Scheiben schneiden. Die Scheiben in Butter von beiden Seiten anbraten, warm stellen.

3. Die gewaschenen Pfifferlinge zusammen mit den Zwiebelwürfeln, dem Knoblauch und der Lauchzwiebel anbraten und mit Madeira ablöschen. Die Sahne dazugeben und etwas reduzieren lassen. Mit Salz und Pfeffer abschmecken. Zu den Pfifferlingen mit Käseknödeln können Sie sehr gut ein zartes Kalbsteak oder einen Kaninchenrücken servieren.

Kürbisquiche mit Weintrauben und Bergkäse

Als Teig für die Quiche nehmen wir gerne Blätterteig, der fertig angeboten wird. Er lässt sich hervorragend verarbeiten und schmeckt sehr gut.

Für eine Springform

- 2 Knoblauchzehen
- Salz
- 700 g Hokkaido-Kürbis
- 10 Schalotten
- Etwas Öl
- Pfeffer aus der Mühle
- 3 Eier
- 150 ml Sahne
- 150 ml Milch
- 2 EL Magerquark
- 1 Bund glatte Petersilie
- 50 g Wahlnusskerne, grob gehackt
- Blätterteig
- 125 g Bergkäse, gerieben
- 150 g Weintrauben

1. Den Knoblauch schälen, klein hacken, mit Salz mischen und mit dem Messer fein reiben, sodass Knoblauchsalz entsteht. Den Kürbis halbieren, die Kerne entfernen. Dann mit einer Küchenreibe grob reiben.

2. Die Schalotten schälen, halbieren und in Scheiben schneiden. Die Schalotten in einer Pfanne mit etwas Öl glasig dünsten. Den geriebenen Kürbis dazugeben und anbraten, bis er leicht Farbe nimmt. Mit Knoblauchsalz und Pfeffer aus der Mühle würzen.

3. In der Zwischenzeit die Eier, die Sahne, die Milch und den Quark verquirlen und mit Salz und Pfeffer würzen.

4. Die Petersilie abspülen, trocken schütteln und die Blätter fein hacken. Mit den Wahlnüssen zur Eiersahne geben. Eine Springform mit 28 cm Durchmesser mit dem Blätterteig auslegen. Den angebratenen Kürbis und den geriebenen Bergkäse ebenfalls zur Eiersahne geben. Alles gut durchmengen und in die Kuchenform füllen. Jetzt die Weintrauben in die Quiche drücken.

5. Im vorgeheizten Ofen bei 200 °C (Umluft 180 °C) etwa 45 Minuten backen, bis die Eiersahne fest und gestockt ist. Die Quiche in Stücke schneiden und, ganz nach Belieben, warm oder kalt servieren.

MONIQUE GUITON

Heilpraktikerin | Mutter von Albert | Ex-Freundin von Bernhard

Kati Schönfeldt (Christiane Bachschmidt), Monique Guiton (Anne von Linstow), Johanna Faller (Ursula Cantieni)

Es gibt Monique immer wieder einen kleinen Stich ins Herz, wenn sie auf den Fallerhof kommt, um ihren Sohn Albert zu besuchen, der hier bei Oma und Opa lebt. Ein richtiges Familienleben hatte sich die charmante Französin nämlich ganz anders vorgestellt. Mittlerweile konzentriert sie sich ganz auf ihre Arbeit als Heilpraktikerin, und es bereitet ihr große Freude, Menschen zu helfen. Mit ihrer Praxispartnerin Kati verbindet sie inzwischen eine Freundschaft. Monique schätzt die gemeinsame Mittagspause, besonders seit die beiden ein neues Ritual haben. Einmal im Monat gibt es einen Tag, an dem Monique eine typisch französische Leckerei mitbringt: Quiche in jedweder Form. Dabei kann man herrlich klönen, sich so manchen Kummer von der Seele reden und gestärkt den Rest des Tages angehen. Der Nächste bitte!

Rehrücken im Morchel-Lauch-Mantel

Für 4 Personen

150 g Morcheln, getrocknet
400 g Rehrücken, ausgelöst und pariert
Salz
Pfeffer aus der Mühle
2 Schalotten, gewürfelt
2 EL Rapsöl
150 g Lauch, in dünne Streifen geschnitten
80 g Kalbszunge, fein gewürfelt
200 g Kalbsbrät, vom Metzger
1 Ei
60 g Weißbrot, gerieben
1 Schweinenetz, gut gewässert

1. Die Morcheln für 6 Stunden in Wasser einweichen. Das Wasser für die Soße aufbewahren.

2. Den Rehrücken leicht salzen und pfeffern und von allen Seiten kurz anbraten und beiseite stellen.

3. Die Schalotten in einem Topf in Öl glasig dünsten, dann die Lauchstreifen dazugeben, salzen und gar dünsten. Aus dem Topf nehmen und abkühlen lassen. Dann den Lauch, die Kalbszunge und die in Steifen geschnittenen Morcheln mit dem Brät vermengen. Das Ei dazugeben und mit dem geriebenen Weißbrot bei Bedarf etwas Feuchtigkeit in der Farce binden. Als Probe für Geschmack und Konsistenz ein kleines Fleischküchlein formen und in einer Pfanne anbraten.

4. Nun das Schweinenetz auf dem Küchentisch ausbreiten. Das Brät darauf verteilen, sodass damit der Rehrücken eingerollt werden kann. Das Brät soll ca. 1 cm dick das Fleisch umschließen. Im vorgeheizten Backofen bei 200 °C (Umluft 180 °C) ca. 30 Minuten braten. Falls Sie einen Kerntemperaturfühler benutzen, ist der Rehrücken bei 58 °C noch schön rosa.

5. Nach dem Braten den Rehrücken mit Alufolie bedeckt 3 Minuten entspannen lassen. Zum Servieren in vier oder fünf Tranchen schneiden und auf der Soße anrichten. Dazu passt die Holunderbeersoße von Seite 32.

Schwarzwälder Lummelbraten

Als Lummel (Lende) bezeichnete der Alamanne früher das Filetstück von Rind und Schwein. Heute findet man diesen Namen fast nicht mehr.

Für 4 Personen

800 g Lummel (Rinderfilet), fertig pariert
8 Scheiben Schwarzwälder Speck
Salz
Pfeffer aus der Mühle
2 EL Butterschmalz
1 Sellerieknolle
1 Stange Lauch
2 Karotten
1 Zwiebel
100 ml Weißwein
100 ml Fleischbrühe
Etwas Mehlbutter

1. Das Rinderfilet mit den Speckscheiben umwickeln und den Speck mit Wurstgarn festbinden. Das Fleisch mit Salz und Pfeffer würzen. Das Butterschmalz in einem Bräter erhitzen und das Fleisch von allen Seiten anbraten. Dann das Gemüse und die Zwiebel in walnussgroße Stücke schneiden und dazugeben.

2. In den auf 220 °C (200 °C Umluft) vorgeheizten Backofen schieben. Ab und zu das Fleisch mit dem Bratensaft übergießen. Nach 30–40 Minuten ist der Braten fertig. Er sollte innen noch rosa sein. Den fertigen Braten entnehmen, von den Speckscheiben befreien und warm stellen. Den braunen Bodensatz mit dem Wein ablöschen und später mit der Fleischbrühe auffüllen. Den Braten regelmäßig begießen und in ungefähr 10 Minuten fertig braten. Er sollte nicht durchgebraten sein, sondern innen leicht rosa bleiben.

3. Die Bratensoße in einen kleinen Topf absieben, entfetten und reduzieren lassen. Mit Wein, Salz und Pfeffer aus der Mühle abschmecken, bei Bedarf mit Mehlbutter binden. Den Braten in Scheiben schneiden und auf einer vorgewärmten Platte auf einem Teil der Soße anrichten. Den Rest der Soße zum Fleisch servieren. Als Beilage reicht man kleine, ganz gebratene Kartoffeln oder Kartoffelpüree und Gemüse der Jahreszeit.

ALBERT GUITON

Sohn von Bernhard und Monique | Enkel von Hermann und Johanna | Neffe von Kati und Karl | Cousin von Jenny und Eva | Freund von Sebastian

Karl Faller (Peter Schell), Albert Guiton (Alessio Hirschkorn)

Schon als kleiner Junge wusste Albert, was er will – vor allem aber, was er nicht will. Mit Gemüse konnte man den Buben schon immer jagen, nicht aber mit einem ordentlichen Stück Fleisch. Als seine Eltern sich trennten, wollte er sich für keinen der beiden entscheiden müssen. Stattdessen blieb er auf dem Hof – bei Oma und Opa, bei Onkel und Tante. Hier lebt er gerne, hier hat er alles, was er braucht, hier wird er umsorgt. Auf seine Cousine Jenny könnte er allerdings leicht verzichten. Und sie auf ihn. In ihren Augen ist er nämlich ein richtiger Kotzbrocken. Seine Coolness und seine Sprüche gehen ihr manchmal gewaltig auf die Nerven. Mit Albert ist es aber auch nicht immer einfach – zugegeben. Er würde am liebsten den ganzen Tag chillen, hinter seinem Computer hängen oder Musik machen und später einmal sein Geld im Schlaf verdienen …

Rindfleisch in Meerrettichsoße

Für dieses Rezept verwende ich bevorzugt Rinderbrust, denn diese bleibt schön fest und saftig. Vielfach kommt aber auch Rinderschulter oder der Tafelspitz zum Einsatz. Im Badischen muss die Rinderbrust richtig gut durchwachsen sein. Beim Kochen oder beim intensiven Sieden lösen sich die Aromen, und das durchwachsene Brustfleisch wird saftig und zart.

Für 4 Personen

- 1 kg Rinderknochen, zerkleinert
- 1 kg Rinderbrust am Stück
- 2 Karotten
- 2 Stangen Lauch
- 1 Sellerieknolle
- 1 Zwiebel
- 2 Nelken
- 2 Lorbeerblätter
- Salz

SOSSE

- 3 EL Butter
- 3 EL Mehl
- 250 ml Rinderbrühe von der Rinderbrust
- 250 ml Milch
- 100 ml Sahne
- Salz
- Pfeffer aus der Mühle
- 60–80 g frisch geriebener Meerrettich

1. Zuerst die Rinderknochen blanchieren. Dann zusammen mit dem Rindfleisch in einen Topf geben und mit Wasser auffüllen, bis das Fleisch bedeckt ist. Einmal aufkochen und gut abschäumen. Die Karotten, den Lauch und den Sellerie gut waschen, schälen und in kleinen Stücken zum Fleisch geben.

2. Die Zwiebel halbieren und in einer Pfanne die Schnittflächen anrösten. Die Zwiebel, die Nelken und die Lorbeerblätter zum Rindfleisch geben. Leicht salzen und ohne Deckel ca. 3 Stunden leicht köcheln lassen, bis es richtig weich ist. Nach ca. 30 Minuten das weiche Gemüse herausnehmen und warm stellen. Das fertige Fleisch in Scheiben schneiden und zusammen mit dem Gemüse servieren.

3. Für die Soße aus Butter und Mehl in einem Topf eine Mehlschwitze herstellen und im Topf abkühlen lassen. Dann mit der heißen Brühe und der Milch auffüllen und gut 15 Minuten unter ständigem Rühren durchkochen lassen. Dann die Sahne dazugeben, mit Salz und Pfeffer abschmecken und zum Schluss den Meerrettich unterrühren. Nicht mehr kochen lassen. Der Meerrettich wird die Soße nochmals leicht abbinden.

KARL FALLER

Bauer, Hofbesitzer | Mann von Bea | Adoptiv-Vater von Jenny | Sohn von Hermann und Johanna | Bruder von Kati und Bernhard | Onkel von Albert und Eva | Cousin von Sophie und Matthias

Karl Faller (Peter Schell)

Karl ist Bauer mit Leib und Seele! Egal ob er in aller Herrgottsfrühe seine Kühe versorgt, ob er bei Wind und Wetter auf dem Feld arbeitet oder ob er wieder einmal den Traktor reparieren muss. Er lässt sich von kaum etwas aus dem Gleichgewicht bringen. Was Karl jedoch zur Weißglut treibt, sind die ständigen Grabenkämpfe mit seinem Bruder Bernhard. Die verspannen ihn nämlich mehr als all die körperliche Arbeit auf seinem Hof. Seit Lioba ihm verraten hat, dass der Duft des frisch geriebenen Meerrettichs Verspannungen löst, sieht er den Diskussionen mit seinem Bruder etwas gelassener entgegen. Am liebsten mag er die Wurzel aber als Soße – am besten scharf! Was ihm allerdings zunehmend auf der Seele brennt, ist die Frage, wer seinen Hof einmal weiterführen wird. Weder Jenny noch Albert machen Anstalten. Karl will sich gar nicht ausmalen, was aus seinem schönen Bauernhof einmal wird.

Ochsenbäckle in Spätburgunder

Für 4 Personen

800 g Ochsenbäckle
Öl zum Anbraten
100 g Karotten, in kleinen Würfeln
100 g Sellerie, in kleinen Würfeln
200 g Zwiebeln, in kleinen Würfeln
2 EL Tomatenmark
250 ml Spätburgunder Rotwein
500 ml Rinderbrühe
Salz
Pfeffer aus der Mühle
Etwas Mehlbutter

1. Die bratfertigen Ochsenbäckle in einem Bräter in Öl von allen Seiten anbraten. Die Gemüsewürfel dazugeben und weiterbraten. Wenn das Gemüse etwas Farbe genommen hat, das Fleisch herausnehmen, das Tomatenmark zufügen und leicht anrösten. Mit dem Rotwein ablöschen und der Brühe auffüllen. Salz und Pfeffer dazugeben.

2. Die Ochsenbäckle wieder zurück in den Topf legen und langsam ca. 2 Stunden weich schmoren. Wenn sie weich sind, aus dem Topf nehmen und warm halten. Die Soße durch ein Spitzsieb passieren, gut durchkochen und, wenn nötig, mit etwas Mehlbutter leicht binden. Das Fleisch quer zur Faser in Scheiben schneiden und mit der Soße anrichten.

Schwarzwälder Kirschtorte im Glas

Für 4 Personen

1 Schokoladenbiskuitboden
1 Glas Sauerkirschen
50 g Zucker
3 TL Speisestärke
4 cl Kirschwasser
1 l Schlagsahne
Raspelschokolade zum Garnieren

1. Einen Schokoladenbiskuitboden in drei Scheiben schneiden und im Durchmesser der Gläser ausstechen (je Glas 2–3 Biskuittaler). Den Saft der Sauerkirschen mit dem Zucker aufkochen und mit der Speisestärke, welche in etwas Wasser aufgelöst wurde, abbinden. Dann die Stärke zu den Kirschen geben und diese abkühlen lassen.

2. Die Biskuittaler mit Kirschwasser beträufeln. Je einen als Boden in die Gläser geben. Die kalten Sauerkirschen darauf verteilen. Etwas Sahne darübergeben und das Ganze noch ein- oder zweimal wiederholen, bis die Gläser gut gefüllt sind. Mit einem schönen Sahnetupfer, einer Kirsche und geraspelter Schokolade garnieren. Vor dem Servieren gut durchkühlen.

LENI RIEDLINGER
Landfrau | Vertreterin für Kosmetikprodukte | beste Freundin und Geschäftspartnerin von Johanna

Bea Faller (Christiane Brammer), Leni Riedlinger (Heidi Vogel-Reinsch), Johanna Faller (Ursula Cantieni)

Wenn ein fröhlich-lautes „Halli-Hallo" im Flur des Fallerhofes erschallt, weiß jeder, wer gerade gekommen ist: Leni Riedlinger, Johannas beste Freundin und Geschäftspartnerin. Und es ist so sicher wie das Amen in der Kirche, dass dann mindestens zwei Hofbewohner fluchtartig Reißaus nehmen: Hermann und Karl. Die beiden können die stets gut frisierte, perfekt geschminkte und immer adrett gekleidete Dame nämlich überhaupt nicht leiden und verstehen auch nicht wirklich, dass Johanna ihr immer noch die Treue hält. Denn nicht immer ist Leni wirklich loyal – vor allem dann nicht, wenn es um ihre eigenen Interessen geht. Und die liegen eindeutig nicht beim Vertrieb von selbstgemachten Nudeln, Schwarzwälder Schinken und handgemachtem Käse, sondern bei der Vermarktung von Kosmetikprodukten. Bei einer schönen Tasse Kaffee mit einem noch schöneren Stück Schwarzwälder Kirschtorte malt sie sich gern aus, wie es wäre, wenn Schönwald endlich hätte, was es wirklich braucht: Lenis Institut für Schönheit!

Schwarzwälder Kirscheisparfait

Für 4 Personen

1 Ei
1 Eigelb
50 g Zucker
50 ml Kirschsaft
250 ml geschlagene Sahne
20 g Schokoladenstreusel
100 g süße Brösel
50 g Sauerkirschen, klein gehackt
4 cl Kirschwasser
Sahne und glacierte Kirschen zum Garnieren

1. Ein Eisparfait ist sehr schnell hergestellt. Dazu das Ei, das Eigelb, den Zucker und den Kirschsaft im heißen Wasserbad mit einem Schneebesen zu einer cremig-festen Masse schlagen. Vorsicht: Die Eigelbmasse darf nicht am Topf ansetzen. Dann im kalten Wasserbad kalt schlagen.

2. Nun vorsichtig die geschlagene Sahne unterziehen. Zum Schluss die Schokoladenstreusel, die süßen Brösel, die Sauerkirschen und das Kirschwasser vermischen und unterziehen. Jetzt in eine mit Papier ausgelegte Kastenform füllen und im Tiefkühlfach mindestens 8 Stunden gefrieren lassen. Tiefgekühlt ist das Parfait gut eine Woche haltbar.

3. Das Parfait mit einem Messer vom Rand lösen und auf ein Schneidebrett stürzen. In Scheiben schneiden und mit Sahne und glacierten Kirschen servieren.

Tipp: Süße Brösel stellen Sie her, indem Sie altbackenen Biskuit oder Hefezopf fein reiben.

Erdbeer-Rhabarber-Kompott mit Vanilleschaum

Für 4 Personen

KOMPOTT
3 Stangen Rhabarber
½ Zitrone
150 g Zucker
Etwas gemahlener Zimt
3 frische Holunderblüten
250 g frische Erdbeeren

VANILLESCHAUM
3 Eigelb
1 Vanillestange
50 g Zucker
1 cl Apfelsaft

1. Vom Rhabarber die Haut abziehen und die Stangen in fingerdicke Stücke schneiden. In einem Topf etwas Wasser aufkochen. Den Saft der halben Zitrone, den Zucker, den Zimt und den Rhabarber dazugeben und abgedeckt kurz aufkochen lassen. Dann die Holunderblüten dazugeben, den Topf von der Kochstelle nehmen und zugedeckt weiterziehen lassen, bis der Rhabarber weich ist. Wenn der Rhabarber abgekühlt ist, die gewaschenen und zerkleinerten Erdbeeren dazugeben.

2. Für den Vanilleschaum die Eigelbe, das Mark der Vanillestange, den Zucker und den Apfelsaft in einen Schlagkessel geben und über dem heißen Wasserbad schaumig-cremig schlagen. Wenn der Schaum fest ist, den Schlagkessel vom Wasserbad nehmen und noch eine Minute ohne Hitze weiterschlagen. Das Erdbeer-Rhabarber-Kompott in Suppentellern anrichten und zusammen mit dem Vanilleschaum servieren.

JENNY FALLER
Adoptivtochter von Bea und Karl | leibliche Tochter von Beas verstorbener Cousine | Enkelin von Hermann und Johanna | Nichte von Kati und Bernhard | Cousine von Albert und Eva | beste Freundin von Sebastian

Jenny Faller (Julia Obst), Bea Faller (Christiane Brammer)

Jenny freut sich jedes Jahr aufs Neue auf die Erdbeerzeit. Die süßen, roten Früchtchen haben es ihr angetan – egal ob als Kompott, als Eis, als Kuchen oder einfach nur so. Eine besondere Freude bereitet ihr immer Bea: Sie friert einen Teil der Früchte ein, damit ihre Adoptivtochter das ganze Jahr etwas davon hat. Auch wenn Bea sie sonst für die Gartenarbeit nicht begeistern kann, bei der Erdbeerernte ist Jenny in jedem Fall dabei. Ansonsten schlägt ihr Herz für Pferde. Wie gut, dass der Reiterhof von Matthias und Bernd nur einen Katzensprung entfernt liegt. Doch so glücklich, wie Jenny heute auf dem Fallerhof ist, war sie nicht immer. Schon früh verlor sie ihre Mutter und kam als kleines Mädchen in den Schwarzwald zu Bea und Karl, die sie mit offenen Armen aufnahmen und ihr eine Heimat gaben. Ein Bild ihrer Mama steht in der Hofkapelle. Dort kann Jenny Zwiesprache halten, wann immer sie es braucht.

Herbst

Petersilienwurzelsuppe

Für 4 Personen

600 g Petersilienwurzeln ohne Grün
100 g Kartoffeln
50 g Schalotten
50 g Butter
750 ml Gemüsefond
250 ml Sahne
Salz
Pfeffer aus der Mühle
3 Toastbrotscheiben
1 kleines Bund Schnittlauch

1. Die Petersilienwurzeln und Kartoffeln waschen, schälen und in grobe Würfel schneiden. Die Schalotten schälen und würfeln, in der Butter glasig andünsten. Die Petersilienwurzeln und Kartoffeln zugeben und mit dem Fond aufgießen. Bei mäßiger Hitze weich kochen.

2. Die Suppe fein mixen. Die Sahne dazugeben und mit Salz und Pfeffer abschmecken. Die Toastbrotscheiben würfeln und in einer Pfanne goldgelb rösten. Die Suppe mit den Brotwürfeln und frischen Schnittlauchröllchen bestreuen.

LIOBA WEBER

Schwarzwälder Faktotum | Freundin der Fallers

Lioba Weber (Lisbeth Felder), Hermann Faller (Wolfgang Hepp)

Lioba ist ein Schönwalder Urgestein. Sie hat schon etliche Jahre auf dem Buckel und so manche Geschichten aus der Vergangenheit parat. Hermann hört ihr immer mit großer Begeisterung zu, wenn sie von den alten Zeiten erzählt. Die beiden verbindet mittlerweile geradezu eine Seelenverwandtschaft. Und das hätte vor Kurzem noch keiner für möglich gehalten – am allerwenigsten Lioba und Hermann, so spinnefeind wie die beiden sich früher waren! Manche sagen, Lioba habe das „zweite Gesicht", für andere wiederum ist sie nur eine alte, schrullige Kräuterhexe. Dennoch hat niemand in der Gegend so viel Wissen über Kräuter und deren Wirkung wie sie. In Liobas Küche gibt es nichts anderes als die Gewächse der Natur, die sie sammelt, je nachdem, wie der Mond steht, und deren geheime Plätze nur sie alleine kennt. Oft ist sie deshalb zu unchristlichen Zeiten mit ihrem Körbchen unterwegs, was ihr im Ort gerne Hohn und Spott einbringt. Trotzdem braut sich der ein oder andere Schönwalder dann doch einen Gesundheitstrank aus Liobas Kräutern, wenn das Zipperlein plagt. Man muss es ja keinem erzählen!

Kartoffelsalat

Für 4 Personen

1 kg vorwiegend festkochende Kartoffeln
1 Zwiebel
Etwas Öl zum Anbraten
250 ml Fleischbrühe, am besten vom Schäufele (angeräucherte Schweineschulter)
70 ml Essig
150 ml Öl
2 EL Senf
Salz
Pfeffer aus der Mühle

1. Die Kartoffeln mit der Schale in Salzwasser weich kochen und noch heiß pellen. Wenn sie etwas abgekühlt sind, in feine Scheiben hobeln. Die Zwiebel in feine Würfel schneiden, in Öl glasig anbraten und zu den Kartoffeln geben.

2. Die Fleischbrühe erhitzen. Essig, Öl, Senf, Salz und Pfeffer mit der Hälfte der Brühe vermengen und hinzugeben. Umrühren und mit einem Holzlöffel den Kartoffelsalat locker anmachen. Den Rest der Brühe nach und nach zugeben, sodass der Salat schön saftig, aber nicht zu flüssig ist. Lauwarm servieren.

EVA SCHÖNFELDT
Wirtin im „Löwen" | studierte Kamerafrau | Tochter von Kati | Enkelin von Johanna und Hermann | Cousine von Albert und Jenny | Nichte von Karl und Bernhard | Freundin von Andreas

Leo Vogt (Horst Hildebrand), Bernd Clemens (Martin Wangler), Eva Schönfeldt (Lucie Muhr), Schorsch Huber (Friedrich Graumann)

Fragt man Eva nach ihren Vorlieben beim Essen, kommt die Antwort wie aus der Pistole geschossen: Kartoffelsalat. Und zwar der von ihrer Oma Johanna. Da ist er nämlich so, wie Eva ihn am liebsten isst: mit reichlich Soße! Schon als kleines Mädchen hat sie ihrer Oma gerne bei der Zubereitung des Kartoffelsalats geholfen. Besonders fasziniert war sie, wenn Johanna mit einem spitzen Küchenmesser in die vor sich hin kochenden Kartoffeln stach, um dann zu befinden, ob die Erdäpfel gar waren. Bis heute ist es Eva allerdings ein Rätsel, was man beim Reinstechen in die Knolle spüren kann. Sie hat sich aber auch nie die Mühe gemacht, hinter das Geheimnis zu kommen, denn die Wirtin aus Leidenschaft kocht überhaupt nicht gerne. Mit Tu, dem vietnamesischen Koch in ihrer Dorfkneipe „Zum Löwen", hat Eva einen echten Coup gelandet: Er kann die badische Küche hoch und runter zaubern, und manchmal vereinen sich im „Löwen" in Schönwald badisch-europäische und vietnamesisch-asiatische Kochkunst in einer überraschenden Kreation. Und Eva kann mit ungezügeltem Elan weiter an ihrer Vision arbeiten: Der „Löwe" soll eine Kulturkneipe werden. Dazu braucht man tatsächlich keine Vorliebe fürs Kochen.

Forellentatar im Crêpemantel

Für 4 Personen

PFANNKUCHEN

250 g Mehl
500 ml Milch
3 Eier
1 Prise Salz
Öl zum Ausbacken

FORELLENTATAR

400 g Forellenfilet ohne Haut
Salz
Zitronenpfeffer
100 g kleine, gemischte Würfel von Karotte, Sellerie, Lauch
350 g Joghurt
5 Blatt Gelatine

1. Alle Zutaten für die Pfannkuchen miteinander verrühren. Den Pfannkuchenteig eine halbe Stunde ruhen lassen, damit das Mehl quellen kann. *Tipp:* Verrühren Sie das Mehl erst mit einem Teil der Milch, dann gibt es keine Klümpchen. Wenn der erste Teil schön glatt verrührt ist, langsam unter Rühren die restliche Milch zufügen.

2. Die Pfannkuchen in einer beschichteten Pfanne mit nur einem Tropfen Öl bei mäßiger Hitze backen und aufeinanderstapeln.

3. Die Forelle in kleine Würfel schneiden und mit Salz und Zitronenpfeffer marinieren. Die Gemüsewürfel in einer Pfanne mit wenig Butter gar dünsten, abkühlen lassen und zur Forelle geben. Den Joghurt dazugeben und alles gut vermengen.

4. Die Gelatine in kaltem Wasser einweichen, dann im Wasserbad auflösen und unter die Masse ziehen.

5. Die Pfannkuchen auf ein Blatt Klarsichtfolie legen, mit der Forellenmasse bestreichen und mit der Folie aufrollen, sodass die Folie die Roulade umschließt. Für 3 Stunden kalt stellen. Dann in schräge Scheiben schneiden und zum Beispiel mit Feldsalat servieren.

Bibeleskäs mit Kartoffelwaffeln und Rote-Bete-Salat

Bibeleskäs ist kein einfacher Kräuterquark, sondern fest gewordene Milch! Man stellt dazu Milch in einem Gefäß beiseite und lässt sie dick werden. Dann schöpft man die Dickmilch in einen Käsenapf, eine Form mit vielen Löchern, und lässt sie einen Tag lang abtropfen. Anschließend stürzt man den Bibeleskäs, würzt mit Salz, Pfeffer, frischem Schnittlauch und Petersilie und rührt alles gut zusammen. Wer es cremiger liebt, gibt ein wenig flüssige Sahne dazu.

Für 4 Personen

KARTOFFELWAFFELN
500 g Kartoffeln
1 Zwiebel
4 Eier
75 g Mehl
100 ml Milch
50 g weiche Butter
1 Msp. Backpulver
Salz
Pfeffer aus der Mühle

ROTE-BETE-SALAT
2 Rote Bete, gekocht
1 kleiner Apfel
Salz
Pfeffer aus der Mühle
Essig
Öl
Etwas Meerrettich, frisch gerieben

1. Für die Kartoffelwaffeln die geschälten Kartoffeln und die Zwiebel reiben. Mit den restlichen Zutaten vermengen und mit Salz und Pfeffer würzen. Den Teig im heißen Waffeleisen goldgelb ausbacken.

2. Die Rote Bete und den Apfel in kleine Würfel schneiden. Mit Salz, Pfeffer, Essig, Öl und dem Meerrettich anmachen.

KATI SCHÖNFELDT

Physiotherapeutin | Tochter von Hermann und Johanna | Mutter von Eva | Schwester von Karl und Bernhard | Tante von Jenny und Albert | Nichte von Franz und Heinz | Cousine von Sophie und Matthias | Freundin von Murat

Johanna Faller (Ursula Cantieni), Hermann Faller (Wolfgang Hepp), Kati Schönfeldt (Christiane Bachschmidt), Murat Özil (Ismail Sahin)

Seit Kati ihren Murat kennt, ist sie wie ausgewechselt. Vorbei die Zeiten, in denen sie nicht mehr lachen konnte und Glück für sie ein Fremdwort war. Wie war sie damals aufgeregt, als sie Murat ihren Eltern vorstellte, nicht nur, weil er um einiges jünger ist als sie. Murat hatte nämlich darauf bestanden, seine zukünftigen Schwiegereltern mit Leckereien aus seiner türkischen Heimat zu verwöhnen. Umso erleichterter war Kati jedoch, als sich das alte Sprichwort „Was der Bauer nicht kennt …" in diesem Falle nicht bestätigte. Erfreut war aber auch Hermann, denn er hatte schon befürchtet, von seiner Tochter wieder einmal etwas unglaublich Gesundes vorgesetzt zu bekommen. Kati isst nämlich für ihr Leben gern Bibeleskäs in allen Variationen, und das nicht nur, weil ausgewogene Ernährung für sie das A und O für ein gesundes Leben ist, sondern schlicht und einfach, weil es ihr schmeckt! Doch ab und an einen leckeren Braten von ihrer Mutter schlägt auch Kati nicht aus.

Zander mit Speck und eingelegten Sumpfdotterblumen

Gekochte und in Essig eingelegte Blütenknospen der Sumpfdotterblume können als Kapernersatz gegessen werden und erweitern den kreativen Speiseplan.

Für 4 Personen

4 Zanderfilets
Saft von ½ Zitrone
8 dünne Scheiben Schwarzwälder Speck
Mehl
Öl zum Anbraten
50 g Sumpfdotterblumenknospen
80 g Kräuterbutter
Salz
Pfeffer aus der Mühle

1. Die Zanderfilets leicht salzen und mit etwas Zitrone beträufeln. Jedes Filet mit 2 Speckscheiben umwickeln, in Mehl wenden und in Öl braten. Die fertigen Filets auf vorgewärmten Tellern anrichten.

2. Die Sumpfdotterblumenknospen in Kräuterbutter anbraten, mit dem Zitronensaft ablöschen, mit Salz und Pfeffer würzen und über die Zanderfilets geben.

Hechtklößle in Dillschaum

Für 4 Personen

500 g Hechtfilet
2 Eiweiß
Salz
Pfeffer aus der Mühle
Etwas Noilly Prat
250 ml Sahne, sehr kalt

SOSSE

200 g Hechtgräten
1 Lorbeerblatt
½ Zwiebel
½ Lauchstange
250 ml Weißwein
250 ml Wasser
Salz
1 EL Crème fraîche
2 EL Dill, frisch gehackt

1. Das Hechtfilet in kleine Stücke schneiden und im Gefrierfach schwach anfrieren. Dann in einem Küchenmixer mit dem Eiweiß, etwas Salz, Pfeffer und Noilly Prat sehr fein mixen. Die ganz kalte Sahne in kleinem Strahl untermixen. Nochmals mit Salz abschmecken. Darauf achten, dass alle Zutaten richtig kalt sind und dass alles schnell im Mixer verarbeitet wird. So bleibt die Fischmasse homogen.

2. Für die Soße die Fischgräten mit allen Zutaten außer der Crème fraîche und dem Dill in einem Topf aufkochen und 30 Minuten ziehen lassen. Dann absieben und die Fischbrühe wieder in einem breiten Topf aufsetzen.

3. Nun mit 2 Löffeln Nocken formen und in der Fischbrühe garziehen lassen. Wenn die Klößchen an der Oberfläche schwimmen, sind sie fertig. Einen Teil des Fischfonds mit der Crème fraîche aufschäumen und mit dem frisch gehackten Dill verfeinern. Die Klößchen auf einer vorgewärmten Platte anrichten und mit der Soße nappieren.

MATTHIAS FALLER

Pferdewirt, Reitlehrer | Geschäftspartner von Bernd | Vater von Jonas | Sohn von Franz | Neffe von Heinz, Hermann und Johanna | Cousin von Kati, Karl, Bernhard und Sophie

Eigentlich ist Matthias ganz glücklich, wieder im Schwarzwald zu leben – zumindest kulinarisch gesehen. Mit der westfälischen Küche ist er nämlich all die Jahre, in denen er in Höxter gewohnt hat, nicht wirklich warm geworden. Grünkohl mit Pinkel etwa oder Panhas, eine Fleischpastete mit Buchweizenmehl – für seinen Schwarzwälder Gaumen war das ungewohnte Kost. Umso mehr hat er die kreative hiesige Küche von Neuem zu schätzen gelernt. Und da darf es auch gerne ein bisschen exquisiter sein wie eben Hechtklößle in Dillschaum. Schon allein beim Gedanken an diese Leckerei kommt Matthias ins Schwärmen. In Sachen Gourmet steht er seinem Vater Franz nämlich in nichts nach – wenn er das auch nicht gerne hört. Doch der Apfel fällt bekanntlich nicht weit vom Stamm …

Matthias Faller (Markus Pfeiffer)

Rehragout in Preiselbeersoße

Für 4 Personen

750 g Rehfleisch aus der Schulter
3 EL Öl
2 Zwiebeln
2 EL Tomatenmark
250 ml Spätburgunder Rotwein
500 ml Rehfond
Etwas Mehlbutter
Salz
Pfeffer aus der Mühle
100 g Preiselbeerkonfitüre
2 EL Crème fraîche

1. Das Rehfleisch in 2 cm große Würfel schneiden und in einem breiten Bräter mit dem Öl anbraten. Die Zwiebeln in kleine Würfel schneiden und dazugeben. Nach 10 Minuten das Tomatenmark dazugeben und mitbraten. Mit dem Rotwein mehrmals ablöschen und gut Farbe ziehen lassen.

2. Danach mit dem Rest Rotwein und dem Rehfond auffüllen und bei mäßiger Hitze 1,5 Stunden weich kochen. Nach Belieben mit etwas Mehlbutter abbinden. Zum Schluss mit Salz, Pfeffer, der Preiselbeerkonfitüre und der Crème fraîche abschmecken.

Burgunderbraten vom Rind

Für 4 Personen

800 g Rindfleisch aus der Schulter
3 EL Öl
1 Zwiebel
2 Karotten
1 kleine Sellerieknolle
2 EL Tomatenmark
500 ml Spätburgunder Rotwein
250 ml Wasser
1 kleine Stange Lauch
2 Nelken
2 Lorbeerblätter
Salz
Pfeffer aus der Mühle

1. Das Rindfleisch in einem breiten Bräter in Öl von allen Seiten anbraten, aus dem Topf nehmen und beiseite stellen. Die Zwiebeln, die Karotten und die Sellerieknolle in kleine Würfel schneiden und dazugeben. Nach 10 Minuten das Tomatenmark dazugeben und mitbraten. Dann mit dem Rotwein mehrmals ablöschen und gut Farbe ziehen lassen.

2. Danach mit dem Rest des Rotweins und dem Wasser auffüllen, die halbierte Lauchstange, die Nelken, die Lorbeerblätter sowie Salz und Pfeffer zugeben. Das Fleisch wieder in die Soße legen und bei mäßiger Hitze 1 Stunde weich kochen. Das Fleisch aus dem Topf nehmen und warm halten.

3. Die Soße durch ein Spitzsieb passieren und gut durchkochen. Wenn nötig mit etwas Mehlbutter leicht binden. Das Fleisch quer zur Faser in Scheiben schneiden und mit der Soße anrichten.

HERMANN FALLER

Altbauer, Altbürgermeister, Vorsitzender des Heimatvereins | Mann von Johanna | Vater von Kati, Karl und Bernhard | Opa von Jenny, Albert und Eva | Bruder von Heinz und Franz | Onkel von Sophie und Matthias

Hermann Faller (Wolfgang Hepp), Bea Faller (Christiane Brammer)

Hermanns anfängliche Angst vor einem langweiligen Rentnerdasein hat sich rasch in Luft aufgelöst. Seit der Altbürgermeister im Ruhestand ist, hat er nämlich noch weniger Zeit als vorher. Mit der Gründung des Schönwalder Heimatmuseums konnte er sich auch einen Herzenswunsch erfüllen. Mit großer Leidenschaft forscht er in der Vergangenheit seiner kleinen Schwarzwaldgemeinde und fördert so manchen Schatz zu Tage. Und dabei sind es vor allem die alten Geschichten, die ihn brennend interessieren, denn für Hermann ist die Vergangenheit das Fundament, auf dem die Zukunft wächst. Manch anderer sieht das allerdings ganz anders und würde am liebsten den Mantel des Schweigens über vieles legen. Doch Hermann wird nicht müde, sein Wissen auch der Öffentlichkeit zu präsentieren, ob als Sonderausstellungen oder als Dorfchronik – sein jüngstes Projekt. Für eines findet er allerdings immer Zeit – für den Burgunderbraten seiner Frau.

Rotwein-Schokoladenkuchen

Für eine mittelgroße Kastenform

200 g Butter
200 g Zucker
4 Eigelb
250 g Mehl
100 g Schokostreusel
1 TL Zimt
1 TL Kakaopulver, schwach entölt
1 TL Backpulver
125 ml Spätburgunder Rotwein
4 Eiweiß

1. Die Butter und den Zucker mit einer Rührmaschine schaumig schlagen. Die Eigelbe nacheinander zugeben und weiterschlagen. Das Mehl, die Schokoladenstreusel, den Zimt, das Kakaopulver und das Backpulver mischen und abwechselnd mit dem Rotwein unter die Eimasse ziehen. Zum Schluss das Eiweiß steif schlagen und unter den Kuchenteig heben.

2. Den Teig in eine gebutterte Kastenform füllen. Bei 220 °C (200 °C Umluft) im vorgeheizten Backofen ca. 45 Minuten backen.

Sellerie-Zimt-Suppe mit Grauburgunder

Für 4 Personen

500 g Knollensellerie
150 g Apfel
1 Zwiebel
25 g Butter
2 Zimtstangen
750 ml Gemüsebrühe
200 ml Sahne
100 ml Grauburgunder
Salz
Pfeffer aus der Mühle
3 Scheiben Toast in Würfeln

1. Den Knollensellerie, den Apfel und die Zwiebel schälen und in Würfel schneiden. In einem Topf mit der Butter andünsten. Einige Apfelwürfel für später beiseitelegen. Den Zimt zur Mischung geben. Mit der Gemüsebrühe auffüllen und bei mäßiger Hitze 30 Minuten weiterkochen. Dann die Zimtstangen herausnehmen und die Suppe mit einem Mixstab fein pürieren.

2. Die Sahne und den Wein dazugeben, noch einmal aufkochen und mit Salz und Pfeffer würzen. Mit gebratenen Weißbrot-Croûtons und angedünsteten kleinen Apfelwürfeln garnieren.

CLAUDIA HEILERT
Sekretärin des Bürgermeisters | Single

Claudia Heilert (Adelheid Theil), Bernhard Faller (Karsten Dörr)

Frau Heilert ist ein echtes Schwarzwälder Mädel. Mit manchen Traditionen ihrer Heimat kann man sie jedoch jagen. Die „fünfte Jahreszeit" ist ihr ein Graus. Wenn am Schmutzigen Donnerstag der Bürgermeister von den Narren seines Amtes enthoben wird, taucht auch Frau Heilert unter. Für sie ist es schon ein Ritual, sich an Fasnet über die tollen Tage zu retten, indem sie sich etwas Gutes tut. Gerne kocht sie sich eine leckere Sellerie-Zimtsuppe, die sie zu einem Glas Grauburgunder genießt, um anschließend den Gaumen noch mit einer weiteren Köstlichkeit zu verwöhnen: Fasnetscherben. Das Traditionsgebäck der Narren liebt sie nämlich über alles. Am Aschermittwoch gibt es jedoch keinen glücklicheren Menschen als Claudia Heilert, die dann endlich wieder ihren Bürostuhl im Schönwalder Rathaus in Beschlag nehmen kann. Sie mag ihren Job nämlich sehr, und für ihren Bürgermeister würde sie alles tun. Fast alles!

Gulaschsuppe vom Wildschwein

Für 4 Personen

50 g durchwachsener Speck
350 g Wildschweinfleisch
2 Zwiebeln
1 Karotte
80 g Sellerie
2 EL Tomatenmark
250 ml Spätburgunder Rotwein
100 g Zucker
2 TL grober schwarzer Pfeffer
1 l Wildfond
5 angedrückte Wacholderbeeren
2 Lorbeerblätter
Salz
2 EL Preiselbeerkonfitüre
1 EL Tannenhonig
Geschlagene Sahne und gehobelte Mandeln
zum Garnieren

1. Den Speck auslassen. In dem ausgelassenen Fett das in sehr kleine Stücke geschnittene Wildschweinfleisch anbraten. Die Zwiebeln, die Karotte und den Sellerie klein gewürfelt zum Fleisch geben und mitbraten. Das Tomatenmark dazugeben, ebenfalls mitbraten und gut Farbe nehmen lassen. Mehrfach mit dem Rotwein ablöschen.

2. Den Zucker mit dem Pfeffer in einem Topf leicht karamellisieren und mit dem Wildfond auffüllen. Das Karamell auflösen und die Gulaschsuppe damit auffüllen. Die Wacholderbeeren und Lorbeerblätter in ein Tuch einbinden und mitkochen. Leicht salzen und etwa 1 Stunde kochen lassen.

3. Den Gewürzbeutel herausnehmen und die Suppe mit der Preiselbeerkonfitüre und dem Honig abschmecken. Die Suppe mit geschlagener Sahne und gehobelten Mandeln garnieren.

Kratzete

Kratzete sind die badische Variante von Schmarrn.

Für 4 Personen

180 g Mehl
Salz
4 Eier
125 ml Milch
1 EL Rapsöl

1. Aus den Zutaten einen feinen Pfannkuchenteig herstellen und diesen 30 Minuten quellen lassen.

2. Den Pfannkuchenteig in einer heißen Pfanne mit etwas Öl dünn ausbacken. Wenn die Unterseite angebräunt ist, den Teig mit Hilfe zweier Gabeln in ungleiche Stücke reißen. Unter Schwenken fertig braten, bis die Kratzete goldgelb sind.

Blutwurströsti mit Speckapfelsoße

Für 4 Personen

RÖSTI
500 g Kartoffeln
1 TL Salz
Öl zum Braten
8 Scheiben Blutwurst
Etwas Mehl

SOSSE
1 aromatischer Apfel,
z.B. Topas vom Bodensee
Etwas Butter
2 EL Calvados
100 ml Apfelsaft
Salz
Zitrone
100 g Sahne
100 g Speckwürfel, angeröstet

1. Für die Rösti die geschälten Kartoffeln in Salzwasser blanchieren, bis sie halb gar sind. Abkühlen lassen und mit der Gemüsereibe in feine Stäbchen reiben. Das Fett in der Pfanne erhitzen. Die Blutwurstscheiben in Mehl wenden, dünn mit den geriebenen Kartoffeln einpacken und vorsichtig in die Pfanne legen. Wenn sie leicht braun werden, mehrmals wenden, damit sie gut mit dem Fett vermischt sind.

2. Bei mittlerer Hitze 10 Minuten zugedeckt braten, dabei immer wieder wenden. Dann bei größerer Hitze ohne Deckel fertig braten, bis sie schön braun sind.

3. Den Apfel in dünne Spalten schneiden. Mit etwas Butter in einem Topf andünsten. Mit Calvados ablöschen, mit Apfelsaft auffüllen und gut durchkochen. Wenn die Apfelstücke weich sind, die Soße mit einem Stabmixer pürieren. Mit Salz, etwas Zitrone und Sahne abschmecken. Vor dem Servieren die Soße nochmals aufmixen. Dann die gerösteten Speckwürfel dazugeben.

4. Die Rösti auf einem vorgewärmten Teller auf der Soße anrichten und mit einem Salatbouquet servieren.

TU NGUYEN
Koch | Geschäftspartner von Eva | Freund von Oanh

Tu Nguyen (Maverick Quek), Eva Schönfeldt (Lucie Muhr)

Vietnam meets Schönwald: Für den Vietnamesen Tu war es schon ein Kulturschock, als er Evas Ruf in den Schwarzwald folgte, da ihr Koch sie im Stich gelassen hatte. Nie wird er den Tag vergessen, als er zum ersten Mal mit seiner Reisetasche im Schankraum des „Löwen" stand und von den Stammtischbrüdern kritisch beäugt wurde. Dass er aber so schnell mit den kauzigen Schönwäldern echte Freundschaft schließen würde, hätte Tu im Traum nicht gedacht. Und er hätte sich auch nie vorstellen können, dass er einmal richtige badische Hausmannskost lieben würde. Besonders angetan haben es ihm deftige Schlachtplatten oder Blutwurströsti, die er mit wachsender Begeisterung isst. Wenn er dabei allerdings von den Jungs am Stammtisch ertappt wird, muss er Hohn und Spott über sich ergehen lassen. Und dabei schrecken sie auch nicht davor zurück, die übliche Petersiliengarnitur durch Zitronengras zu ersetzen – extra für Tu.

Wirsingroulade mit Hecht und Lachs

Für 4 Personen

250 g Hechtfilet
250 g Lachsfilet
2 Eiweiß
Salz
Pfeffer aus der Mühle
Etwas Noilly Prat
250 ml Sahne, sehr kalt
8 zarte kleine Wirsingblätter
Eiswasser
250 ml Fischfond
125 ml Weißer Burgunder
3 EL Crème fraîche
Etwas Zitronensaft

1. Das Hecht- und das Lachsfilet in kleine Stücke schneiden und im Gefrierfach schwach anfrieren. Dann in einem Küchenmixer mit dem Eiweiß, etwas Salz, Pfeffer und dem Noilly Prat sehr fein mixen. Die ganz kalte Sahne in kleinem Strahl untermixen. Nochmals mit Salz abschmecken. Darauf achten, dass alle Zutaten richtig kalt sind und dass alles schnell im Mixer verarbeitet wird. So bleibt die Fischmasse homogen.

2. Die Wirsingblätter vom harten Strunk befreien. In kochendem Salzwasser blanchieren und mit Eiswasser abschrecken. Mit einem Küchentuch trocken tupfen. Die Blätter mit einem großen Löffel Fischfarce füllen und zur Roulade aufrollen. In eine gebutterte Auflaufform legen und mit Fischfond und Wein angießen.

3. Bei 200 °C (180 °C Umluft) im Ofen ca. 15 Minuten garen. Danach den Fischfond in einem Topf kurz reduzieren lassen. Mit der Creme fraîche, Salz und etwas Zitrone abschmecken und mit einem Mixstab aufmontieren. Die Rouladen auf einem vorgewärmten Teller anrichten und mit der Soße nappieren.

Kassler im Brotteig

Für 4 Personen

600 g Kassler (angeräucherter Schweinehals)
3–4 Nelken
1 Lorbeerblatt
1 Zwiebel
1 TL schwarze Pfefferkörner
1 TL zerdrückte Wacholderbeeren
500 g Sauerteig für Bauernbrot, am besten vom Bäcker

1. Das Kassler zusammen mit der mit den Nelken und dem Lorbeerblatt gespickten Zwiebel, den Pfefferkörnern und den zerdrückten Wacholderbeeren 45 Minuten in siedendem Wasser garziehen lassen. Darauf achten, dass das Wasser nicht kocht. Das Fleisch ist gar, wenn es leicht von der Fleischgabel gleitet.

2. Das trocken getupfte Kassler mit dem ausgerollten Brotteig einschlagen, auf ein bemehltes Backblech legen und bei 200 °C (Umluft 180 °C) im Backofen ca. 40 Minuten backen (je nach Größe des Laibes).

3. Nach dem Backen 5 Minuten ruhen lassen. Dann das saftige Kassler anschneiden und mit frischem Kartoffelsalat (siehe Rezept S. 69) servieren.

STAMMTISCHBRÜDER
Schwarzwälder Originale

Leo Vogt (Horst Hildebrand), Schorsch Huber (Friedrich Graumann), Markus Riedle (Sebastian Mirow), Toni Willmann (Roland Frey), Ulrich Zimmermann (Bernd Lambrecht), Karl Faller (Peter Schell)

Was wäre das Gasthaus „Zum Löwen" in Schönwald ohne die Stammtischbrüder, die sich täglich am runden Tisch in der Dorfkneipe treffen! Toni, Leo, Schorsch und Co. kauen mit großem Vergnügen lokale Ereignisse durch und stehen in Sachen Gerüchteküche der ortsbekannten Tratschtante Leni in nichts nach. Die Jungs geben gerne ihren Senf zu allem – ob man es hören will oder nicht. Sie haben jedoch das Herz auf dem rechten Fleck und so manch lockeren Spruch auf den Lippen. Davon kann Tu ein Lied singen, der zu Beginn seiner Laufbahn als Koch Zielscheibe ihres beißenden Spotts wurde und wirklich keinen leichten Stand hatte. Mittlerweile haben sich die Jungs an die vietnamesisch-badische Küche des Löwen-Kochs gewöhnt. Ab und an bestellen sie sogar ein Lamm-Curry, eine Pho-Suppe oder Hühnchen mit Zitronengras. Doch am liebsten ist Toni, Leo, Schorsch und Co. Kassler im Brotteig. Dieses Gericht ist für die Jungs die ideale Beilage zu einem frisch gezapften, kühlen Bier. Gekrönt wird diese typische Schwarzwälder Gaumenfreude nur noch durch das passende Dessert: Schwarzwälder Kirschwasser.

Wildschweinkeule in Pfeffersahnesoße

Für 4 Personen

1 kg Wildschweinfleisch aus der Keule
3 EL Öl
1 Zwiebel
2 Karotten
1 kleine Sellerieknolle
2 EL Tomatenmark
500 ml Spätburgunder Rotwein
500 ml Wasser
4 Wacholderbeeren, zerdrückt
2 Nelken
2 Lorbeerblätter
Salz
100 g Zucker
1 EL schwarzer Pfeffer, grob geschrotet
Etwas Mehlbutter
1 EL grüner Pfeffer, zerdrückt

1. Das Wildschweinfleisch in einem breiten Bräter in Öl von allen Seiten anbraten, aus dem Topf nehmen und beiseite stellen. Die Zwiebel, die Karotten und den Sellerie in kleine Würfel schneiden und im gleichen Topf anbraten. Nach 10 Minuten das Tomatenmark dazugeben und mitbraten. Dann mit dem Rotwein mehrmals ablöschen und gut Farbe ziehen lassen. Danach mit dem Rest Rotwein und dem Wasser auffüllen.

2. Die Wacholderbeeren, Nelken und Lorbeerblätter in ein Tuch einbinden und mitkochen. Die Soße leicht salzen, das Fleisch wieder hineinlegen und bei mäßiger Hitze im Ofen 1 Stunde weich schmoren. Das Fleisch aus dem Topf nehmen und warm halten.

3. Für die Soße den Zucker mit dem geschroteten Pfeffer karamellisieren und mit der gesiebten Bratensoße auffüllen. Mit etwas Mehlbutter abbinden und gut durchkochen. Zum Schluss den grünen Pfeffer zugeben und nochmals mit Rotwein und etwas Zucker abschmecken. Das Fleisch quer zur Faser in Scheiben schneiden und mit der Soße anrichten.

Schwarzwälder Heubraten

Für 4 Personen

800 g Schweinenacken
Pfeffer aus der Mühle
1 TL Rosmarin, gehackt
1 TL Thymian, gehackt
Eine große Handvoll Bergwiesenheu vom Biobauern
200 g Eiweiß
200 g Salz

1. Den Schweinenacken schwach pfeffern und in einer Pfanne von allen Seiten leicht anbraten. Mit den gehackten Kräutern bestreuen. Das Heu in warmem Wasser 10 Minuten einweichen. Auf einem Backblech etwas Heu verteilen. Den Braten darauflegen und mit dem restlichen Heu einpacken.

2. Das Eiweiß mit dem Salz zu steifem Schnee schlagen und das Heu ca. 3 bis 4 cm dick damit einstreichen. Im vorgeheizten Backofen bei 210 °C (190 °C Umluft) 90 Minuten backen. Dann das Backblech aus dem Ofen nehmen und den Braten 5 Minuten ruhen lassen. Die Salzkruste entfernen, das Heu vom Fleisch nehmen und das Fleisch in fingerdicke Scheiben schneiden.

3. Den Braten zum Beispiel mit Rahmsoße, Rosenkohlgemüse und Kartoffelgratin servieren.

BEA FALLER

Bäuerin, Feuerwehrfrau, Vermieterin von Ferienappartements | Frau von Karl | Adoptiv-Mutter von Jenny | Schwiegertochter von Hermann und Johanna | Schwägerin von Kati und Bernhard | Tante von Albert und Eva

Karl Faller (Peter Schell), Bea Faller (Christiane Brammer)

Einzig ein Karussellpferd in ihrem Schlafzimmer erinnert Bea an ihre Vergangenheit als Kind einer Schaustellerfamilie. Als sie seinerzeit zu Karl auf den Fallerhof zog, war das für sie wie das Eintauchen in eine ganz andere Welt. Bea hatte anfangs große Schwierigkeiten mit den regelmäßigen Abläufen und festen Essenszeiten auf dem Fallerhof. Das alles war ihr mehr als fremd. Doch Bea ließ sich davon nicht ins Bockshorn jagen und eroberte sich nach und nach ihre Rolle als Jungbäuerin auf dem Hof, ob im Stall oder in der Küche – alles jedoch nach ihrer ganz eigenen Fasson. Legendär sind ihre ersten Kochversuche mit Roulade „Hawaii", über die man sich in der Familie heute noch amüsiert. Mittlerweile freut sich aber jeder, wenn Bea wieder einmal kreativ die Kochlöffel schwingt. Ihr Schwarzwälder Heubraten ist einfach ein Gedicht und begeistert sogar ihre Schwiegermutter Johanna.

Eingemachtes Kalbfleisch

Für 4 Personen

500 ml Wasser
250 ml Weißwein
Salz
800 g Kalbfleisch aus der Schulter
1 Zwiebel
1 Lorbeerblatt
2 Nelken
1 Bund Suppengemüse
1 Kräutersträußchen mit Petersilie, Rosmarin und Thymian
Mehlbutter
Etwas Sahne
Zitronensaft

1. Das Wasser und den Wein mit etwas Salz zum Kochen bringen. Das Kalbfleisch einlegen und bei ca. 80 °C 1 Stunde leicht köcheln lassen. Die Zwiebel halbieren und in einer Pfanne ohne Fett anrösten. Das Lorbeerblatt mit den Nelken an die Zwiebel heften und mit dem Suppengemüse mitkochen. Nach 30 Minuten das Kräutersträußchen dazugeben.

2. Nach einer Stunde etwas Fond entnehmen, mit Mehlbutter leicht binden, mit Sahne und etwas Zitronensaft verfeinern und 10 Minuten kochen lassen.

3. Dann das Fleisch zusammen mit dem klein geschnittenen Gemüse auf vorgewärmten Tellern anrichten und mit der Soße nappieren. Mit Kartoffelbrei oder Butternudeln servieren.

Schwarzwälder Schäufele in der Honigkruste mit Rahmsauerkraut

Für 4 Personen

1 kleines Schäufele (angeräucherte Schweineschulter), ohne Knochen
1 Zwiebel
3–4 Nelken
1 Lorbeerblatt
1 TL schwarze Pfefferkörner
1 TL zerdrückte Wacholderbeeren
1 Glas Tannenhonig
1 kleine Dose Sauerkraut
250 ml Sahne

1. Das Schäufele zusammen mit der mit den Nelken und dem Lorbeerblatt gespickten Zwiebel, den Pfefferkörnern und den zerdrückten Wacholderbeeren 45 Minuten in siedendem Wasser garziehen lassen. Darauf achten, dass das Wasser nicht kocht. Pro 100 g Schäufele ca. 10 Minuten Garzeit rechnen. Das Fleisch ist gar, wenn es leicht von der Fleischgabel gleitet.

2. Das Fleisch auf ein Backblech legen, mit Honig bestreichen und im Ofen bei Oberhitze oder im Salamander glacieren. Diesen Vorgang so oft wiederholen, bis eine feine Honigkruste entstanden ist.

3. Das Sauerkraut in einem offenen Topf mit der Sahne weich kochen. Wenn die Sahne reduziert ist, schmeckt das Sauerkraut schön sahnig. Wenn nötig, das Sauerkraut mit etwas Schäufelebrühe verdünnen.

4. Das glacierte Schäufele in Scheiben schneiden, auf vorgewärmten Tellern auf dem Sauerkraut anrichten und mit Bratkartoffeln oder Kartoffelpüree servieren.

HEINZ FALLER

Ex-Priester, Ex-Missionar, Sozialarbeiter in einer Jugendinitiative | Bruder von Hermann und Franz | Vater von Sophie | Onkel von Kati, Karl, Bernhard und Matthias

Franz Faller (Edgar-M. Marcus), Heinz Faller (Thomas Meinhardt), Matthias Faller (Markus Pfeiffer)

Im Gegensatz zu seinem Bruder Franz braucht Heinz nicht viel, um glücklich zu sein. In seiner Zeit als Missionar in Namibia hat Heinz viel Elend und Armut gesehen und gelernt, sich in Bescheidenheit zu üben. Und dieses karge Leben ist ihm nicht schwer gefallen. Besitz und Luxusgüter waren für ihn schon immer Nebensache. Dennoch gab es in der namibischen Wüste einige Momente, in denen er von den kulinarischen Köstlichkeiten seiner Heimat träumte. Schon der bloße Gedanke an das saftige Rauchfleisch eines Schwarzwälder Schäufele, am liebsten mit Kartoffelbrei und Sauerkraut, ließ ihm das Wasser im Munde zusammenlaufen. Obwohl Heinz nun schon seit Langem wieder im Schwarzwald und hier in einem kulinarischen Schlaraffenland lebt, bereitet er ab und an gerne den namibischen Maisbrei zu. Manchmal auch nur, um seinen Bruder Franz ein wenig zu ärgern.

Käsekuchen

Für eine Kuchenform
mit 28 cm Durchmesser

MÜRBETEIG

250 g Mehl
150 g kalte Butter, in Würfel geschnitten
70 g Zucker
1 Prise Salz
1 Ei

KÄSEKUCHENMASSE

1 kg Quark
60 g Speisestärke
150 g Zucker
4 Eier
1 Päckchen Vanillezucker
500 g steif geschlagene Sahne

1. Für den Teig das Mehl auf eine Arbeitsfläche sieben und in die Mitte eine Mulde drücken. Die übrigen Zutaten bis auf das Ei in die Mulde geben. Wichtig: Die Butter muss kalt sein.

2. Alle Zutaten mit den Händen gut verreiben. Wenn alles gut vermengt ist, das Ei dazugeben und das Ganze rasch zu einem glatten Teig kneten. Ganz besonders wichtig ist es, den Mürbeteig nicht zu lange zu kneten. Durch die Wärme der Hände wird der Teig zu warm und dadurch der Mürbeteig brandig (brüchig). Er lässt sich anschließend nicht mehr richtig ausrollen. Den Teig über Nacht ruhen lassen. Dann eine Kuchenform 1 cm dick damit auslegen.

3. Für die Käsekuchenmasse alle Zutaten bis auf die Schlagsahne zu einer glatten Masse verrühren. Dann die Schlagsahne unterziehen. Die fertige Masse in die Kuchenform geben und im vorgeheizten Backofen bei 200 °C (180 °C Umluft) 50 Minuten backen.

4. Den fertigen Kuchen eine Stunde abkühlen lassen und anschließend aus der Form nehmen.

Ofenschlupfer mit Vanillesoße

*Der Ofenschlupfer ist ein altes Rezept, das früher der Resteverwertung diente.
Heute ist er eine bei Jung und Alt beliebte Süßspeise.*

Für 4 Personen

Butter zum Fetten der Form
6 altbackene Brötchen
500 g Äpfel
150 g Rosinen, in etwas Rum eingeweicht
500 ml Milch
2 Eier
250 g Zucker
Vanillezucker
1 EL Zimt, gemahlen
30 g Semmelbrösel
Butter
Vanillesoße

1. Eine Auflaufform gut einfetten. Die Brötchen in dünne Scheiben schneiden. Die Äpfel ebenfalls in dünne Scheiben schneiden und zusammen mit den Rosinen und den Brötchen vermischen.

2. Die Milch, die Eier, den Zucker, den Vanillezucker und den Zimt verquirlen und über die Brötchen gießen. Alles in die Auflaufform füllen. Mit den Semmelbröseln bestreuen. Butterflocken darauflegen und bei 195 °C (175 °C Umluft) ca. 1 Stunde backen. Mit heißer Vanillesoße servieren.

SEBASTIAN WENZEL
bester Freund von Jenny | Freund von Albert | Hofgehilfe

Karl Faller (Peter Schell), Sebastian Wenzel (Dominik Stricker)

Wenn Karl einen Sohn hätte, müsste er so sein wie Sebastian. Der Freund von Albert und Jenny ist einer, der zupacken kann. Ob er nun Johanna im Hofladen unterstützt oder bei Karl im Stall arbeitet, auf ihn ist Verlass. Immer. Und deswegen bekommt Sebastian hin und wieder seine Leibspeise kredenzt, die niemand so gut zubereiten kann wie Johanna: Ofenschlupfer mit Vanillesoße. Dafür ist Sebastian immer zu haben. Absolut immer. Mittlerweile sind die Fallers für Sebastian wie eine zweite Familie geworden. Dass sein Herz insgeheim für Jenny schlägt, weiß nur er alleine. Und das schon lange.

Register

B
- 72 Bibeleskäs mit Kartoffelwaffeln und Rote-Bete-Salat
- 93 Blutwurströsti mit Speckapfelsoße
- 81 Burgunderbraten vom Rind

C
- 18 Carpaccio vom Weiderind mit Bärlauch
- 40 Cremesuppe von der Rosskartoffel

E
- 103 Eingemachtes Kalbfleisch
- 63 Erdbeer-Rhabarber-Kompott mit Vanilleschaum

F
- 70 Forellentatar im Crêpemantel

G
- 89 Gulaschsuppe vom Wildschwein

H
- 76 Hechtklößle in Dillschaum

K
- 29 Kalbskräuterbraten in Sahnesoße
- 69 Kartoffelsalat
- 47 Käseknödel mit Rahmpfifferlingen
- 107 Käsekuchen
- 97 Kassler im Brotteig
- 35 Kirschplotzer
- 90 Kratzete
- 43 Kürbiscremesuppe
- 48 Kürbisquiche mit Weintrauben und Bergkäse

L
- 17 Löwenzahnsalat mit Schwarzwälder Speck und Gänseblümchen

N
- 20 Nudeln in Bärlauchpesto

O
- 56 Ochsenbäckle in Spätburgunder
- 30 Ochsenschwanzragout
- 109 Ofenschlupfer mit Vanillesoße

P
- 66 Petersilienwurzelsuppe

R
- 79 Rehragout in Preiselbeersauce
- 50 Rehrücken im Morchel-Lauch-Mantel
- 32 Rehrücken in Holunderbeersoße
- 54 Rindfleisch in Meerrettichsoße
- 83 Rotwein-Schokoladenkuchen
- 24 Roulade vom Saibling auf Basilikum-Apfelsoße

S
- 15 Sauerampfercremesuppe
- 36 Schokoladenquarknocken mit Sauerkirschen
- 100 Schwarzwälder Heubraten
- 60 Schwarzwälder Kirscheisparfait
- 59 Schwarzwälder Kirschtorte im Glas
- 53 Schwarzwälder Lummelbraten
- 104 Schwarzwälder Schäufele in der Honigkruste mit Rahmsauerkraut
- 26 Schwarzwaldforelle, pochiert, auf Sauerampfersoße
- 86 Sellerie-Zimt-Suppe mit Grauburgunder
- 23 Spargel mit Bärlauch, Tomaten und Champignons
- 45 Steinpilze mit Nudeln

W
- 99 Wildschweinkeule in Pfeffersahnesoße
- 94 Wirsingroulade mit Hecht und Lachs

Z
- 75 Zander mit Speck und eingelegten Sumpfdotterblumen

SALATE

69	Kartoffelsalat
17	Löwenzahnsalat mit Schwarzwälder Speck und Gänseblümchen

SUPPEN

40	Cremesuppe von der Rosskartoffel
89	Gulaschsuppe vom Wildschwein
43	Kürbiscremesuppe
66	Petersilienwurzelsuppe
15	Sauerampfercremesuppe
86	Sellerie-Zimt-Suppe mit Grauburgunder

GERICHTE MIT FLEISCH

93	Blutwurströsti mit Speckapfelsoße
81	Burgunderbraten vom Rind
18	Carpaccio vom Weiderind mit Bärlauch
103	Eingemachtes Kalbfleisch
29	Kalbskräuterbraten in Sahnesoße
97	Kassler im Brotteig
56	Ochsenbäckle in Spätburgunder
30	Ochsenschwanzragout
79	Rehragout in Preiselbeersoße
50	Rehrücken im Morchel-Lauch-Mantel
32	Rehrücken in Holunderbeersoße
54	Rindfleisch in Meerrettichsoße
100	Schwarzwälder Heubraten
53	Schwarzwälder Lummelbraten
104	Schwarzwälder Schäufele in der Honigkruste mit Rahmsauerkraut
99	Wildschweinkeule in Pfeffersahnesoße

GERICHTE MIT FISCH

70	Forellentatar im Crêpemantel
76	Hechtklößle in Dillschaum
24	Roulade vom Saibling auf Basilikum-Apfelsoße
26	Schwarzwaldforelle, pochiert, auf Sauerampfersoße
94	Wirsingroulade mit Hecht und Lachs
75	Zander mit Speck und eingelegten Sumpfdotterblumen

VEGETARISCHE GERICHTE

72	Bibeleskäs mit Kartoffelwaffeln und Rote-Bete-Salat
47	Käseknödel mit Rahmpfifferlingen
48	Kürbisquiche mit Weintrauben und Bergkäse
20	Nudeln in Bärlauchpesto
23	Spargel mit Bärlauch, Tomaten und Champignons
45	Steinpilze mit Nudeln

SÜSSE HAUPTGERICHTE UND DESSERTS

63	Erdbeer-Rhabarber-Kompott mit Vanilleschaum
107	Käsekuchen
35	Kirschplotzer
90	Kratzete
109	Ofenschlupfer mit Vanillesoße
83	Rotwein-Schokoladenkuchen
36	Schokoladenquarknocken mit Sauerkirschen
60	Schwarzwälder Kirscheisparfait
95	Schwarzwälder Kirschtorte im Glas

Die Autoren

BETTINA BAUER-WÖRNER arbeitet als Dramaturgin und Autorin, **REGINA CARLE** als redaktionelle Mitarbeiterin und Online-Redakteurin in der Fallers-Redaktion des SWR in Baden-Baden.

KLAUS-GÜNTHER WIESLER ist Küchenchef im Seehotel Wiesler in Titisee-Neustadt, das er mit seiner Familie betreibt. Er ist Mitherausgeber des „Kochbuchs der Naturparkwirte im Schwarzwald".

Bildnachweis

S. 7, 8, 20, 24, 30, 35, 43, 45, 48, 53, 54, 59, 63, 66, 69, 72, 76, 81, 86, 93, 97, 100, 104, 109: © SWR/Fotografen: Stephanie Schweigert, Christina Fauth, Martin Furch, Ralf Nowack, Lorenz Pagés, Peter Sebera; S. 10, 12/13, 38/39, 64/65, 84/85: Michael Bauer Fotodesign; S. 14, 16, 19, 21, 22, 25, 27, 28, 31, 33, 34, 37, 41, 42, 44, 46, 49, 51, 52, 55, 57, 58, 61, 62, 67, 68, 71, 73, 74, 77, 78, 80, 82, 87, 88, 91, 92, 95, 96, 98, 101, 102, 105, 106, 108: André Chales de Beaulieu.

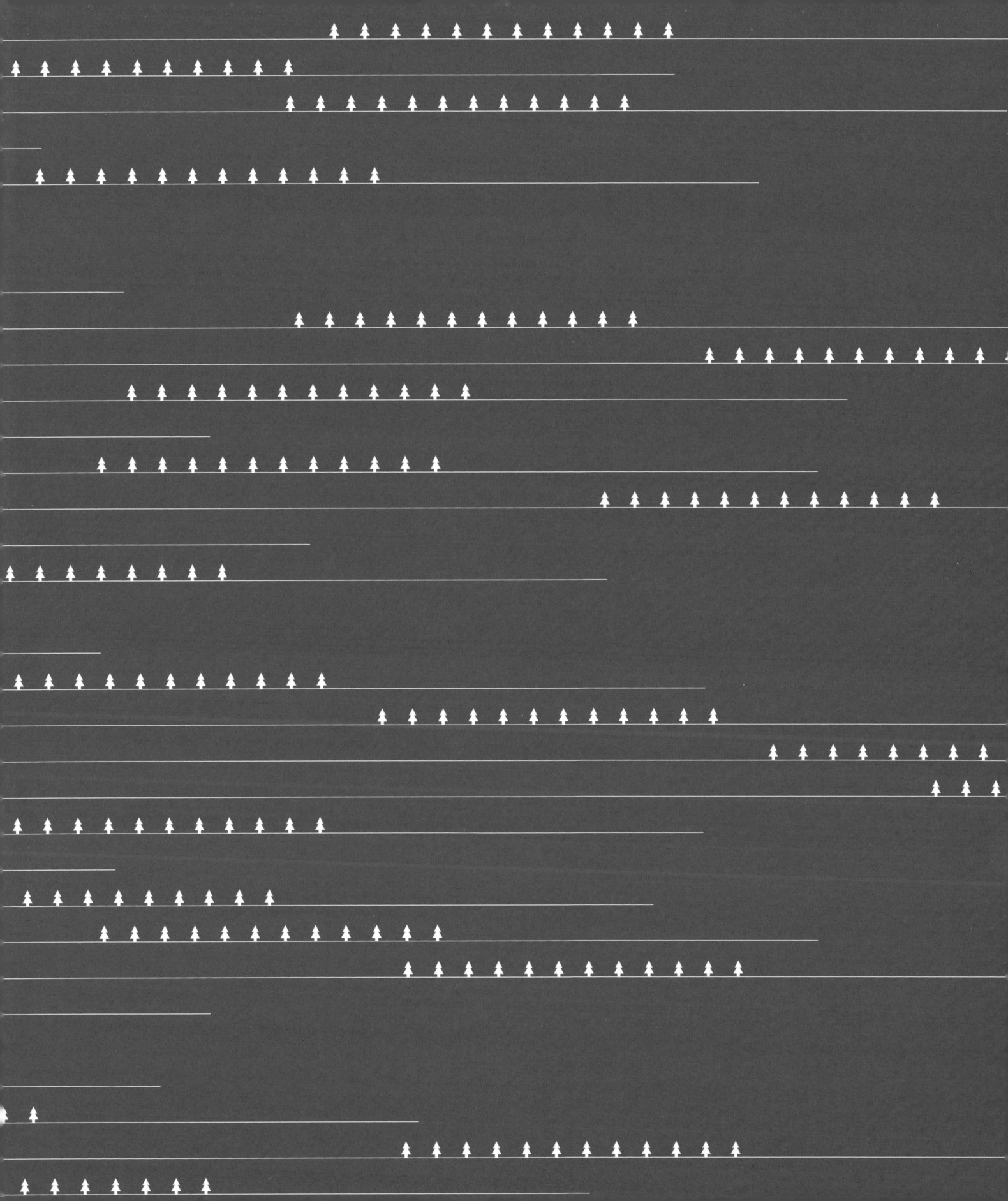

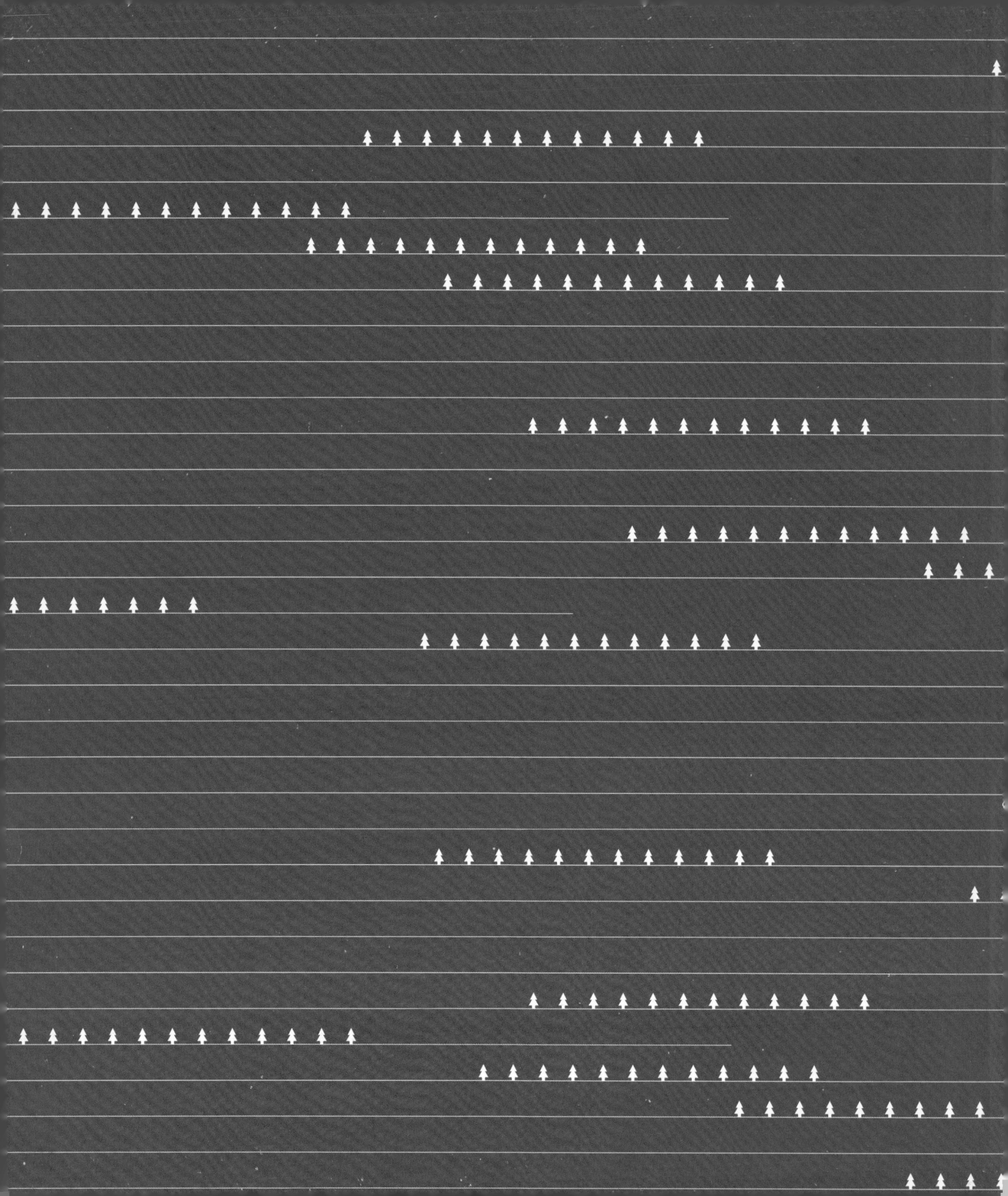